本书获得以下项目资金支持：

①2021年四川省科技厅科技计划软科学项目"数字普惠金融对四川省中小企业技术创新驱动效应研究"（2021JDR0285）

②四川省教育厅人文社会科学重点研究基地——四川民族山地经济发展研究中心科研项目"基于金融扶贫减贫视角四川民族地区巩固脱贫攻坚成果长效机制研究"（SDJJ2001）

数字普惠金融
对四川省中小企业技术创新
驱动效应研究

顾福珍◎著

SHUZI PUHUI JINRONG

DUI SICHUAN SHENG ZHONG-XIAO QIYE JISHU CHUANGXIN

QUDONG XIAOYING YANJIU

西南财经大学出版社

中国·成都

图书在版编目(CIP)数据

数字普惠金融对四川省中小企业技术创新驱动效应研究/顾福珍著.—
成都:西南财经大学出版社,2022.11
ISBN 978-7-5504-5605-1

Ⅰ.①数… Ⅱ.①顾… Ⅲ.①金融支持—中小企业—企业创新—研
究—四川 Ⅳ.①F279.243

中国版本图书馆 CIP 数据核字(2022)第 205021 号

数字普惠金融对四川省中小企业技术创新驱动效应研究
顾福珍 著

责任编辑:石晓东
责任校对:陈何真璐
封面设计:墨创文化
责任印制:朱曼丽

出版发行	西南财经大学出版社(四川省成都市光华村街 55 号)
网　　址	http://cbs.swufe.edu.cn
电子邮件	bookcj@ swufe.edu.cn
邮政编码	610074
电　　话	028-87353785
照　　排	四川胜翔数码印务设计有限公司
印　　刷	郫县犀浦印刷厂
成品尺寸	170mm×240mm
印　　张	9
字　　数	137 千字
版　　次	2022 年 11 月第 1 版
印　　次	2022 年 11 月第 1 次印刷
书　　号	ISBN 978-7-5504-5605-1
定　　价	58.00 元

前　言

　　随着国际科技竞争与合作不断加强，新科技革命和全球产业变革步伐加快，我国经济发展既面临着重要战略机遇，又面临着前所未有的严峻挑战。2016 年中共中央、国务院发布的《国家创新驱动发展战略纲要》强调，企业是最重要的创新主体，而壮大创新主体是实施创新驱动发展战略的主要任务之一。在现有的市场经济体系中，中小企业是最基本和最具发展潜力的创新主体，将成为推动技术创新发展、实现技术变革与升级的基本力量，其对我国国民经济发展的促进作用也越来越显著。因此，提高中小企业创新能力，对提升企业自身竞争力、促进国民经济快速发展具有重要作用。2019 年 12 月，四川省委办公厅、省政府办公厅印发《关于促进中小企业健康发展的实施意见》，提出要大幅提升各类中小企业创新能力和专业水平，使其成为推动经济高质量发展的重要力量。但是，四川省中小企业普遍面临技术创新发展的"融资约束"难题，这在一定程度上对企业的创新主体地位形成较大的冲击，创新驱动的金融因素仍有待深入挖掘。2016 年，在杭州举办的 G20 峰会（二十国集团领导人峰会）发布了《G20 数字普惠金融高级原则》，这标志着数字金融逐渐成为推动全球金融普惠的重要力量。四川省也提出了实施"天府数字普惠金融行动"，为中小企业发展提供更为广泛的融资支持，普惠金融正成为推动科技创新的持续动力来源。在此背景下，2021 年笔者申报了四川省科技厅科技计划软科学项目"数字普惠金融对四川省中小企业技术创新驱动效应研究"（2021JDR0285），并开始做实地调研和文献资料整理工作，展开了持续的研究。

　　本书梳理了国内外关于数字普惠金融与中小企业创新的相关研究，并对数字普惠金融影响四川省中小企业创新的现状进行深入分析，最终从理论和实践层面总结出数字普惠金融对中小企业创新的作用机理。本书以此为基础，将数字普惠金融纳入中小企业创新的实证分析框架中，选取2013—2020年在新三板挂牌的四川省中小企业数据，匹配第三期数字普惠金融指数的市（州）层面数据，通过固定效应模型实证检验了数字普惠金融对中小企业创新的驱动效应和影响机理，从而进一步研究了产权性质及地区异质性对数字普惠金融促进中小企业创新效应的影响。研究结果表明，发展和推广数字普惠金融，在助力中小企业创新、激发创新活力的过程中具有显著的正向影响。进一步的研究发现，数字普惠金融的创新驱动作用与企业异质性因素有关，数字普惠金融对不同产权性质和不同区域中小企业的驱动效应不同，对于民营中小企业和经济发达地区的中小企业的驱动效果更加显著。基于以上实证分析的结果，本书分别从政府、金融机构和企业的角度提出了一些有针对性和可操作性的对策建议，以期更好地促进数字普惠金融与中小企业创新的良性互动，为金融机构更好地支持中小企业创新提供理论依据。

在本书的研究和撰写过程中，笔者参考了大量学者的文献资料，也获得了很多专家和同行的宝贵意见和建议，在此表示衷心的感谢！笔者也衷心地希望本书的研究观点及研究成果的分享，能推动四川省数字普惠金融的发展，促进四川省中小企业创新发展，改善各经济区域科技水平失衡的现状，为实现四川省区域经济高质量协同发展贡献绵薄之力。同时，非常感谢西南财经大学出版社编辑在图书出版过程中给予的指点与帮助！数字普惠金融的许多理论和实践仍处于不断探索和持续创新的阶段，要实现数字普惠金融与中小企业创新耦合发展仍有诸多亟待探索的问题。由于作者水平有限，书中难免存在不少错漏之处，恳请各位读者批评指正！

攀枝花学院经济与管理学院 副教授

顾福珍

2022 年 7 月

目　录

1 导论

1.1 选题的背景和意义

1.1.1 选题的背景

在全球新一轮科技革命时期，面对激烈的国际科技竞争，我国的经济发展正处于重要的发展阶段，因此，提高企业的技术创新能力迫在眉睫。2016 年中共中央、国务院发布的《国家创新驱动发展战略纲要》强调，企业是最重要的创新主体，而壮大创新主体是实施创新驱动发展战略的主要任务之一。在现有的市场经济体系中，中小企业是最基本和最具发展潜力的创新主体，并将成为推动技术创新发展、实现技术变革与升级的基本力量，对我国国民经济发展的促进作用也越来越显著。2019 年 12 月，四川省委办公厅、省政府办公厅印发《关于促进中小企业健康发展的实施意见》，强调大幅提升各类中小企业创新能力和专业水平，将成为推动经济社会高质量发展的重要保障。因此，加强技术创新、形成核心竞争力，是中小企业获得长期竞争优势和保持高质量发展的原动力。然而企业实现创新的前提是获得足够的融资，这样才可以保持其创新活动的长期持续性。从现实层面看，创新投资具有的不确定性强、转化成本高等特点，使得企业的创新存在严重的融资约束问题。中小企业在市场经济体系中属于长尾客户，在进行创新融资活动时属于弱势群体，因此，中小企业成为被一些金融机构排斥的对象，其技术创新活动无法通过传统金融市场得到有效支持。四川省中小企业普遍面临技术创新发展的"融资约束"难题，这在一定程度上对企业创新主体地位形成较大的冲击，创新驱动的金融因素仍有待深入挖掘。

数字金融的出现，弥补了传统金融的不足。数字金融借助云计算技术、大数据应用、移动互联等手段，打破了区域金融服务能力的限制，提高了金融服务的客户触达能力，并以全方位、高效率等优势重构现代金融服务体系。2016 年，由 G20 全球普惠金融合作伙伴（GPFI）拟订的《G20 数字普惠金融高级原则》在 G20 杭州峰会上正式发布，该文件倡导各国利用数字技术推进普惠金融发展，在拟订更宽泛的普惠金融计划时考虑这些原则。这说明数字普惠金融正成为全球普惠金融的新模式，也是未来普惠金融发展的新动向和促进金融普惠的重要途径。四川省提出实施"天府数字普惠金融行动"，这有效缓解了中小企业技术创新的融资约束，为推动中小企业科技创新提供了可靠的资金支持，是企业创新投入的重要来源。因此，探索数字普惠金融对四川省中小企业技术创新的驱动效应，验证和揭示数字普惠金融发展与中小企业创新水平之间的交互作用规律，有利于促进数字普惠金融和中小企业创新耦合发展，对有效激发中小企业创新动力、推动四川省中小企业创新投入和创新产出、提升四川省中小企业科技创新能力、促进中小企业创新发展具有引领和推动作用；对优化技术创新方面的资本配置、有效改善区域科技水平发展失衡、提升社会创新能力、实现四川省"一干多支，五区协同"区域发展新格局具有重要的现实意义。

1.1.2 选题的意义

全球范围内，中小企业在提高就业率、创造工作岗位、增加投资、推动创新和促进经济增长等方面发挥着重要作用。中小企业约占全球企业总数的 90%，提供了全球 50% 以上的就业岗位，因而对于世界经济发展至关重要。截至 2018 年年底，中国中小企业的数量已逾 3 000 万家，贡献了全国 50% 以上的税收、60% 以上的 GDP、70% 以上的技术创新成果和 80% 以上的劳动力就业岗位，在助推经济发展、保障和改善民生、促进技术创新和增加就业岗位等方面具有举足轻重的地位，发挥了不可替代的作用。因此，我国应设法使具有发展潜力的中小企业获得发展所需的信贷资金，促进中小企业创新发展，更好地推动经济社会高质量发展。基于此，G20 投资和基础设施工作组（IIWG）、G20 全球普惠金融合作伙伴（GPFI）中小企业融资小组一直致力于推动中小企业融资。本书主要揭示数字普惠金融发展与中小企业创新投资和创新表现之间的关系，从不同维度测度数字普惠金融对四川省中小企业创新活动的影响水平和程度，总结数字普惠金融在促进中小企业创新活动中的不同角色，因地制宜地提出拓宽数字普惠金融覆盖广度、提高金融使用深度、提升金融数字化程度的合理化建议。

本书的学术价值表现为两个方面：一是从数字普惠金融内生要求和中小企业特点出发，提出数字普惠金融推动中小企业技术创新活动的理论机制，提出联动政府部门、金融机构和中小企业的政策建议，对丰富和完善普惠金融体系具有理论示范效应；二是构建数字普惠金融对四川省中小企业技术创新驱动效应评价模型，构建中小企业技术创新的驱动效应评价指标体系；建立数字普惠金融发展对不同经济区域和不同性质的中小企业创新驱动效应的回归模型，为四川省普惠金融的发展和中小企业技术创新获得稳健的资金保障提供新的研究思路和理论支撑。

本书的应用价值表现为两个方面：一是揭示数字普惠金融发展与中小企业创新投资和创新表现之间的关系，有助于推动数字普惠金融的发展、推动四川省中小企业创新投入和创新产出、增强中小企业创新发展的内生动力和长远发展后劲，带动中小企业健康持续发展；二是构建数字普惠金融支持中小企业创新发展的作用机制和实现路径，能够较好地缓解中小企业技术创新的融资约束，对推动数字普惠金融发展、更好地服务中小企业创新活动具有示范效应，对激发中小企业创新活力、提升社会创新能力具有引领作用。

1.2 文献综述

1.2.1 有关企业创新投资的研究

国内外研究成果对创新投资的特点、企业创新的驱动因素和创新的融资问题进行了全面的研究。企业创新理论、企业融资理论、信息不对称理论、资源基础理论等奠定了企业融资与创新的理论基础。

学者们对于企业创新投资的特点进行了广泛研究。Hall 和 Lerner（2010）认为，创新具有高风险性，表现为创新具有较低的成功概率以及难以在短期内获得与风险相对应的高回报；创新结果具有高度不确定性，因此企业难以准确预测创新投资的结果。同时，创新具有较高的转换成本，企业创新需要不断地投入资源，否则就可能导致创新失败。Waegenaere 等（2012）认为，创新具有正外部性，企业创新的知识和技术很容易外溢，并不能被企业独有，其他企业也可以通过模仿企业的创新知识来获得该创新成果的收益。

创新风险大、不确定性高、开发周期长，同时，如果企业因缺乏足额的抵押品或者由于外部投资者与企业之间存在信息不对称问题而导致企业面临严重的外部融资约束问题（Hall et al.，2010），那么企业创新通常很难获取足够的融资资金。然而创新对企业发展及保持竞争优势至关重要。企业要创新，就必须获得足够的融资资源，这样才可以保持其创新活动的长期持续性。创业资金的来源主要包括企业权益类资本、政府补贴和企业债务类资本三种（辜胜阻 等，2016）。创新具有不确定性，且企业由于信息不对称问题存在一定的信用风险，因此企业创新存在严重的融资约束（张一林 等，2016），尤其是中小微企业面临的创新风险更高。因此，企业研发创新的主要资金来源是外部的资金（Czamitzki et al.，2011）。通常，为企业创新提供金融支持的外部融资资源多集中于政府投资（熊斯婷，

2015)、税收优惠（项康丽，2020）、直接补贴（李浩研 等，2014）、银行信贷的持续性供给（李后建 等，2015）等方面。

我国的学者还对研发投入与创新产出的关系进行了研究。企业创新研发的整个过程，即从创新研发到创新产品的商业化，都需要投入大量的资金。而企业研发投入是与企业创新产出高度正相关的，是企业提高创新能力的重要因素。企业获得稳定资金的保障，对企业创新至关重要（马光荣等，2016）。因此，长期稳定的资金投入成为企业技术创新的有效保障，是国家实施创新驱动发展战略、我国经济转型和产业升级的重要影响因素。

1.2.2　有关中小企业融资的研究

国外对中小企业融资的研究比较深入，大部分学者认为，中小企业融资难的原因主要集中在市场失灵、制度设计不完善以及信用环境较差三方面。Berger（2001）认为，小企业融资困难的最主要原因是双方信息不对称，而市场失灵则是导致信息不对称的根本原因。关系型借贷的"根植性"能够弥补小企业财务和抵押品的缺陷并有效缓解市场失灵，因此小银行在向小企业提供融资服务时，应开展关系型借贷。Paola Sapienza（2002）指出商业银行由于急于扩张规模，更倾向于服务大型企业，从而忽略了对小企业的信贷服务。Laib 和 Yassine（2013）认为中小企业财务制度的不健全是银企信息不对称的重要原因，因此，银行对中小企业的贷款风险较高，从而减少了对中小企业的贷款额度。Kang 和 Almas（2008）指出，如果能够建立健全符合国情和市场需求的信用担保体系，就能提高中小企业的融资效益和业绩。Jonathan、Purtle 等（2018）研究了中小企业税收政策与融资问题之间的关系。通过对具体企业的深入调研发现，税收政策显著地影响中小企业的融资，税收政策回归本土化、健康化和动态化有利于中小企业的融资。Andrej 和 Gozek（2018）认为中小企业内部管理不完善，这会使其更难融资。因此，如果要解决中小企业融资难的问题，需要从内部管理着手。

20 世纪 90 年代末，我国学者开始对中小企业融资问题进行研究。在借鉴了国外中小企业相关理论的基础上，我国学者在中小企业信贷融资难的原因与对策上研究较多。

林毅夫、李永军（2001）对银行结构进行研究后，发现大型银行对中小企业的贷款成本很高、贷款效率很低；相比之下，中小银行金融机构更适合为中小企业贷款，但我国中小银行金融机构发展不足，这导致中小企业贷款难。赵江、冯宗宪（2007）运用回归方法进行研究，发现银行对中小企业贷款约束的重要因素之一是银企关系，这一关系越紧密，信贷约束就越小。刘飞（2011 年）提出，大型银行在组织结构和管理模式方面都是针对大型企业进行设计的，银行要想面向农村中小企业服务，就必须创新服务模式。夏灿、胡一波（2012 年）认为，由于农村中小企业自身管理模式的不完善，其在经营过程中的风险无法转嫁，最终只能由银行和投资者承担。王满、张巍巍（2016）认为虽然国家不断地出台针对中小企业融资的帮扶政策，但金融法律法规仍然不完善，融资中介机构依旧缺失，且评估、担保、保险等制度依然存在缺陷。

关于中小企业信贷融资难的对策，国内学者一致认为，应该从渠道、政策、社会环境等多方面对农村中小企业融资体系进行改革。林毅夫（2005）指出非正规金融机构能更容易获取中小企业的软信息，大大降低了双方信息不对称程度，能够引导和支持非正规金融的合法化发展，是解决中小企业融资问题的重要途径。此外，梁笛（2007）比较了大型银行和小型银行规模的差异对中小企业提供贷款的影响，提出大型银行应针对小企业的特点，不断创新贷款技术，解决中小企业融资难问题。侯健（2012年）提出，"影子银行"在经营上具有充分的灵活性，能够为资金供求双方有效缓解信息不对称问题，因此"影子银行"在中小企业融资中发挥着重要的作用。王嘉琛（2016）指出为使交易双方的信息更加对称，中小企业应不断提高自己的信用等级，加强企业财务管理，内部财务信息应尽可能做到透明化、完整化。王曙光（2018）从信息不对称、银行规模与小微企业贷款的负相关性、小微企业自身信用不足、市场失灵、体制障碍五个方面总结了小微企业面临融资困境的原因，然后分别从小微企业和中小金融机构两个视角提出了改善小微企业金融服务的短期策略和长期策略。李润桢（2018）提出一种以网络为载体来满足中小企业融资需求的新型互联网融资方式——股权众筹。这种方式能够优化投资方的资产配置，改善中小企业融资难的状况。随着互联网技术和数字科技在金融领域的应用，以互联网金融、数字金融为代表的新型金融服务模式为中小企业提供了从数字资产抵押、数字信用评价到精准风险匹配和个性化定价在内的融资支持。梁榜和张建华（2019）、黄锐（2020）等认为，数字普惠金融的发展能帮助缓解企业的融资约束。

1.2.3 金融发展与中小企业技术创新关系方面的研究

持续的企业研发投入是不断提升企业创新能力的重要保障，长期稳定的资金投入对企业创新至关重要，而银行贷款的持续供给是企业获得稳定资金的保障。金融发展对于创新的影响在学界已被广泛研究。国外学者的研究发现，企业信贷额度（Mancus et al.，2010）、银行分布密度（Benfratello et al.，2008）、信贷管制的放开（Amore et al.，2013）都与企业创新活动正相关。一些国内学者通过大量研究发现，银行的金融支持可以促进企业创新活动，如信贷可得性的提高（谢家智 等，2014）、银行授信额度的提高（马光荣 等，2014）、银行信贷的持续性供给（李后建 等，2015）等均可以显著地促进企业创新。

长期以来，中小企业由于缺乏足额抵押品，一直受到传统金融机构的排斥。再加上信息不对称因素的制约，中小企业更难得到传统金融机构的金融服务。另外，创新活动的长期性和不确定性的特点，使得中小企业在进行风险性高的技术创新活动时，普遍面临比较严重的融资约束问题（Hall et al.，2010）。中小企业技术创新长期得不到充足的资金支持，因此其创新投入不足问题一直非常严重。随着数字技术与金融服务的深度融合，数字普惠金融有效地缓解了资金供求双方在金融服务中的信息不对称问题，提高了资金使用效率（聂秀华 等，2021），有助于缓解中小企业融资困难问题，也为中小企业技术创新活动提供了重要支撑。最重要的是，数字普惠金融通过有效降低金融服务的交易成本，提升了对长尾客户群体金融服务能力和服务效率，更好地满足了中小企业发展所需要的资金。新的金融业态突破了传统金融在服务国民经济发展的瓶颈，有效降低了交易成本（汪伟 等，2015）。正是数字普惠金融的普惠性特征，使得中小企业获得了更多的融资机会，可以连续、稳定地满足中小企业技术创新活动的资金需求。唐松等（2020）发现数字普惠金融对微观企业的技术创新乃至宏观经济质量都产生了较强的影响。徐子尧等（2020）提出数字普惠金融能显著促进区域创新能力的提升。数字普惠金融的发展有助于地区资信配置状况的改善，从而促进居民消费数量的增长和消费质量的提高，进而促进区域创新能力的提升。

而关于数字普惠金融的发展与企业创新关系的规范研究，学者们的研究成果较为相似，学者们普遍认为数字普惠金融的发展能够激励企业创新。梁榜和张建华（2019）通过研究发现数字普惠金融的发展和推广有助于促进中小企业技术创新，其覆盖广度、使用深度以及数字支持服务程度均有助于提升创新水平。喻平和豆俊霞（2020）认为数字普惠金融的发展与中小微企业的技术创新存在显著正向关系，数字普惠金融能够提高金融服务的多样性进而降低金融服务的门槛，缓解小微企业的融资约束，从而促进企业的创新。万佳彧等（2020）提出数字普惠金融可以缓解企业的融资约束，而宽松的融资约束对企业创新会产生显著的正向影响。数字普惠金融的创新激励作用对中小企业和民营企业更强。而吴慧慧和傅利福（2020）研究发现在金融发展的不同阶段，数字普惠金融对融资约束的缓解作用存在差异。滕磊和徐露月（2020）通过 Hausman 检验，选择回归模型验证数字普惠金融对中小企业技术创新活动影响的显著程度。实证结果表明，无论是数字普惠金融总指数，还是三个维度的指数（覆盖广度、使用深度和数字支持指数）对提高中小企业技术创新水平都有积极而显著的作用；同时，他们提供了不同数字普惠金融指数对促进中小企业创新的稳健性证据。因此，大力发展数字普惠金融，对激发中小企业创新活力具有积极作用。

综上所述，目前国内外学者已经从多个视角和维度对创新驱动因素进行了积极的探索和研究，并从数字普惠金融指数的不同维度验证了对中小企业创新的正向驱动效应，为数字普惠金融能够有效激励企业创新活动提供了有力证据，但是这种激励作用又有所不同，具有一定的异质性。

1.3 研究内容与主要目标

1.3.1 研究内容

本书的研究内容共分为七章。

第1章为导论，包括选题背景及研究意义、国内外文献综述、研究的内容及主要目标、技术路线及研究方法。

第2章为核心概念与理论基础。本章梳理和总结了相关文献和研究成果，对中小企业、技术创新、融资约束以及数字普惠金融的概念进行了界定，阐述了中小企业融资与创新的基础理论以及数字普惠金融发展的基础理论，为本书的研究奠定了理论基础。

第3章为四川省数字普惠金融和中小企业技术创新现状。本章阐述了我国数字普惠金融的发展历程和发展模式，分析了四川省数字普惠金融的发展现状和四川省企业创新投入情况，总结了数字普惠金融促进四川省中小企业技术创新驱动的成效。

第4章为数字普惠金融对中小企业技术创新的作用机理。本章阐述了数字技术与金融服务深度融合的过程，分析了数字普惠金融缓解中小企业融资的作用机制，提出了数字普惠金融发展促进中小企业创新的作用机理。

第5章为数字普惠金融对四川省中小企业技术创新活动影响的实证分析。本章采用由北京大学数字金融研究中心、上海新金融研究院和蚂蚁集团共同编制的数字普惠金融指数，构建回归模型。本书秉承数据的可获得性、科学合理性和可观测性原则，选取中小企业研发投入来衡量中小企业的创新活动；选取数字金融服务的覆盖广度、使用深度和数字支持服务三个指标来衡量我国数字普惠金融的发展状况；选取企业规模、资产负债率、现金流量作为控制变量，测算不同性质和不同区域的中小企业创新驱动效应弹性系数，从整体和不同维度测度数字普惠金融的发展对中小企业创新驱动效应的显著水平。考虑到四川省各区域经济发展的差异，本书将所得数据按五大经济区域进行分类并分别进行回归分析，探求数字普惠金融对中小企业创新驱动效应的区域差异。由于民营中小企业和国有中小企业在融资环境上存在一定的差异，因此本书将所得数据按企业的性质进行分类并分别进行回归分析，探求数字普惠金融在不同性质企业间创新驱动效应弹性，进而总结出数字普惠金融在促进中小企业创新活动中的不同作用。

第6章为数字普惠金融促进四川省中小企业技术创新的实现路径。本章从宏观、中观、微观三个层面，从政府部门、金融机构和中小企业三个方面，因地制宜地提出拓宽数字普惠金融覆盖广度、提高金融使用深度、提升金融数字化程度的合理建议，持续推动数字普惠金融的发展，激发中小企业创新活力，构建中小企业技术创新融资的数字金融生态链。

第7章为研究结论与不足，包括本书结论、不足之处与展望。

1.3.2　主要目标

通过参考学习已有的国内外学者研究成果和期刊文献等，本书提出了理论研究目标和实践应用目标。

（1）理论研究目标。本书以企业创新理论、企业融资理论、资源基础理论、内生经济增长理论等中小企业融资和创新理论为基础，从数字普惠金融内生要求和中小企业特点出发，提出数字普惠金融推动中小企业技术创新活动的作用机制；基于数字普惠金融指数，从数字金融服务的覆盖广度、使用深度和数字支持服务三个维度，构建中小企业技术创新的驱动效应评价指标体系；建立数字普惠金融发展对不同经济区域和不同性质的中小企业创新驱动效应的回归模型。

（2）实践应用目标。本书结合四川省数字普惠金融支持中小企业科技创新发展实际，选取样本企业进行实证分析，提供数字普惠金融发展与中小企业创新具有稳健关系的证据；将所得数据按五大经济区域和企业的性质进行分类，分别进行回归分析，探求数字普惠金融对中小企业创新驱动效应的区域弹性和显著水平的差异；进而总结出数字普惠金融在促进中小企业创新活动中的不同角色，因地制宜地提出拓宽数字普惠金融覆盖广度、提高金融使用深度、提升金融数字化程度的合理建议。

1.4 技术路线与研究方法

1.4.1 技术路线

本书通过对现有文献的梳理，结合中小企业融资和创新的理论，提出数字普惠金融推动中小企业技术创新活动的作用机制；通过对四川省数字普惠金融推动中小企业技术创新的现状分析，总结数字普惠金融促进四川省中小企业技术创新驱动的成效，在此基础上建立研究假设，并根据研究假设选择研究变量，建立计量模型；利用实证调研获得的数据进行系统实证分析，从整体和不同维度测度数字普惠金融的发展对中小企业创新驱动效应的显著水平；在充分考虑四川省各区域经济发展的差异和企业性质差异的基础上，提出数字普惠金融推动四川省中小企业技术创新活动的对策建议。

本书的技术路线如图 1.1 所示。

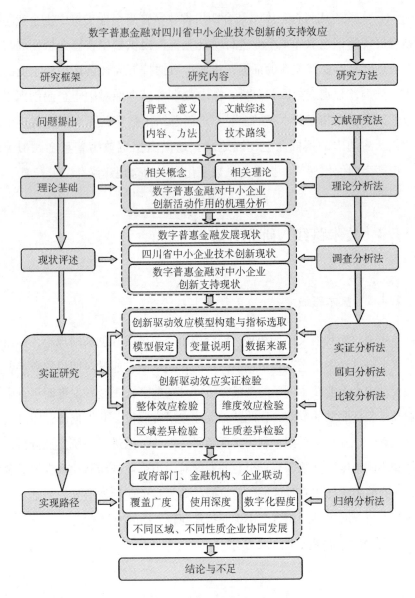

图 1.1　技术路线

1.4.2　研究方法

本书采取理论分析与实证分析、比较分析与归纳分析、定量分析与定性分析相结合的方法进行研究。

（1）理论分析与实证分析相结合的方法。理论分析主要体现在本书的前两章，在文献综述和基本理论研究的基础上分析数字普惠金融对中小企业创新活动的作用机理；实证研究内容主要在第 3 章到第 5 章，对数字普惠金融支持四川中小企业发展现状进行调查分析，构建创新驱动效应模型，从整体效应、维度效应、区域差异、性质差异多角度对二者关系进行实证检验。

（2）比较分析与归纳分析相结合的方法。本书考虑到四川省各区域经济发展的差异，因此分析了数字普惠金融对中小企业创新驱动效应的区域差异；不同性质的中小企业在融资环境上存在一定的差异，因此本书分析了数字普惠金融在不同性质企业间创新驱动效应的弹性，进而总结出数字普惠金融在促进中小企业技术创新活动中的不同角色。

（3）定量分析与定性分析相结合的方法。本书选取数字普惠金融对中小企业技术创新影响的驱动变量，构建创新驱动效应模型进行回归分析，定量分析数字普惠金融对四川中小企业技术创新的影响效果；本书的第 6 章运用定性分析的方法提出提升驱动效应的"多位一体，协同发展"的对策建议。

总之，本书综合运用多种分析方法，力图使研究更具科学性、合理性和实用性。

2 核心概念与理论基础

2.1 核心概念

2.1.1 中小企业

中小企业,是指在中华人民共和国境内依法设立的,人员规模、经营规模相对较小的企业,包括中型企业、小型企业和微型企业。

中型企业、小型企业和微型企业的划分标准由国务院负责中小企业促进工作综合管理的部门会同国务院有关部门,根据企业从业人员、营业收入、资产总额等指标,结合行业特点制定,最后报国务院批准。2011 年 6 月,国家统计局根据工业和信息化部、国家统计局、国家发展改革委、财政部《关于印发中小企业划型标准规定的通知》(工信部联企业〔2011〕300 号)和《国民经济行业分类》(GB/T 4754—2011),制定并颁布了《统计上大中小微型企业划分办法》。2017 年 6 月,《国民经济行业分类》(GB/T 4754—2017)正式颁布。2017 年 8 月 29 日,国家统计局印发《关于执行新国民经济行业分类国家标准的通知》(国统字〔2017〕142 号),规定从 2017 年统计年报和 2018 年定期统计报表起统一使用新分类标准,并对 2011 年印发的《统计上大中小微型企业划分办法》进行修订,颁布了我国《统计上大中小微型企业划分办法(2017)》。由于行业本身的特性,不同规模的企业划分标准也往往不同。农、林、牧、渔业企业以营业收入金额为划分标准，工业企业、批发业、零售业、交通运输业、仓储业等企业以从业人员数量和营业收入金额为划分标准，而建筑业企业、房地产开发经营和租赁和商务服务业则以营业收入金额和资产总额两个指标为划分标准，如表2.1所示。

表2.1　中小微型企业划分标准

行业名称	指标名称	计量单位	中型	小型	微型
农、林、牧、渔业	营业收入（Y）	万元	$500 \leq Y < 20\,000$	$50 \leq Y < 500$	$Y < 50$
工业 *	从业人员（X）	人	$300 \leq X < 1\,000$	$20 \leq X < 300$	$X < 20$
	营业收入（Y）	万元	$2\,000 \leq Y < 40\,000$	$300 \leq Y < 2\,000$	$Y < 300$
建筑业	营业收入（Y）	万元	$6\,000 \leq Y < 80\,000$	$300 \leq Y < 6\,000$	$Y < 300$
	资产总额（Z）	万元	$5\,000 \leq Z < 80\,000$	$300 \leq Z < 5\,000$	$Z < 300$
批发业	从业人员（X）	人	$20 \leq X < 200$	$5 \leq X < 20$	$X < 5$
	营业收入（Y）	万元	$5\,000 \leq Y < 40\,000$	$1\,000 \leq Y < 5\,000$	$Y < 1\,000$
零售业	从业人员（X）	人	$50 \leq X < 300$	$10 \leq X < 50$	$X < 10$
	营业收入（Y）	万元	$500 \leq Y < 20\,000$	$100 \leq Y < 500$	$Y < 100$
交通运输业 *	从业人员（X）	人	$300 \leq X < 1\,000$	$20 \leq X < 300$	$X < 20$
	营业收入（Y）	万元	$3\,000 \leq Y < 30\,000$	$200 \leq Y < 3\,000$	$Y < 200$
仓储业 *	从业人员（X）	人	$100 \leq X < 200$	$20 \leq X < 100$	$X < 20$
	营业收入（Y）	万元	$1\,000 \leq Y < 30\,000$	$100 \leq Y < 1\,000$	$Y < 100$
邮政业	从业人员（X）	人	$300 \leq X < 1\,000$	$20 \leq X < 300$	$X < 20$
	营业收入（Y）	万元	$2\,000 \leq Y < 30\,000$	$100 \leq Y < 2\,000$	$Y < 100$
住宿业	从业人员（X）	人	$100 \leq X < 300$	$10 \leq X < 100$	$X < 10$
	营业收入（Y）	万元	$2\,000 \leq Y < 10\,000$	$100 \leq Y < 2\,000$	$Y < 100$
餐饮业	从业人员（X）	人	$100 \leq X < 300$	$10 \leq X < 100$	$X < 10$
	营业收入（Y）	万元	$2\,000 \leq Y < 10\,000$	$100 \leq Y < 2\,000$	$Y < 100$
信息传输业 *	从业人员（X）	人	$100 \leq X < 2\,000$	$10 \leq X < 100$	$X < 10$
	营业收入（Y）	万元	$1\,000 \leq Y < 100\,000$	$100 \leq Y < 1\,000$	$Y < 100$
软件和信息技术服务业	从业人员（X）	人	$100 \leq X < 300$	$10 \leq X < 100$	$X < 10$
	营业收入（Y）	万元	$1\,000 \leq Y < 10\,000$	$50 \leq Y < 1\,000$	$Y < 50$
房地产开发经营	营业收入（Y）	万元	$1\,000 \leq Y < 200\,000$	$100 \leq Y < 1\,000$	$Y < 100$
	资产总额（Z）	万元	$5\,000 \leq Z < 10\,000$	$2\,000 \leq Z < 5\,000$	$Z < 2\,000$

表2.1(续)

行业名称	指标名称	计量单位	中型	小型	微型
物业管理	从业人员（X）	人	$300 \leq X < 1\,000$	$100 \leq X < 300$	$X < 100$
	营业收入（Y）	万元	$1\,000 \leq Y < 5\,000$	$500 \leq Y < 1\,000$	$Y < 500$
租赁和商务服务业	从业人员（X）	人	$100 \leq X < 300$	$10 \leq X < 100$	$X < 10$
	资产总额（Z）	万元	$8\,000 \leq Z < 120\,000$	$100 < Z < 8\,000$	$Z < 100$
其他未列明行业 *	从业人员（X）	人	$100 \leq X < 300$	$10 \leq X < 100$	$X < 10$

资料来源：中华人民共和国国家统计局。

2.1.2 技术创新

熊彼特在 1912 年出版的《经济发展理论》中指出，创新是指把一种从来没有过的关于生产要素的"新组合"引入生产体系。这种新的组合包括：引进新产品；引用新技术，采用一种新的生产方法；开辟新的市场（以前不曾进入）；控制新的原材料来源，不管这种来源已经存在，还是第一次被创造出来；实现任何一种新的工业组织，例如形成一种垄断地位或打破一种垄断地位。因此，创新是指以现有的知识和物质资源，在特定的环境中，改进或创造新的事物（包括但不限于各种方法、元素、路径、环境等），并能获得一定有益效果的行为。创新包括方法创新、学习创新、教育创新、科技创新等，科技创新只是众多创新中的一种，科技创新通常包括产品创新和工艺方法等技术创新，因此技术创新只是科技创新的一种表现方式。

技术创新是指生产技术的创新，包括开发新技术，或者将已有的技术进行应用创新。技术创新是一个科技、经济一体化的过程，是技术进步与应用创新"双螺旋结构"共同作用催生的产物。从广义上讲，技术进步是指技术所涵盖的各种形式知识的积累与改进。在开放经济中，技术进步的途径主要包括三个：技术创新、技术扩散、技术转移与引进。应用创新，就是以用户为中心，置身用户应用环境的变化，通过研发人员与用户的互动来挖掘需求；通过用户参与技术研发与验证的全过程，从而发现用户的现实与潜在需求；通过各种创新的技术与产品，推动科技创新。从复杂性科学的视角来看，技术创新活动绝非简单的线性递进过程，也不是一个简单的创新链条，而是一个复杂、全面的系统工程。在多主体参与、多要素互动的过程中，作为推动力的技术进步与作为拉动力的应用创新之间的互动推动了科技创新。因此，对技术创新的认识，无论是只强调技术还是只强调经济，都是不全面的认识。只有将二者有机结合起来，才有可能是理性的、现实的。技术开发和技术利用需要组成一个有机的整体，在这个整体中，我们不仅需要从技术发展规律的角度考虑技术开发的可能性，还要以市场为导向考虑技术开发的有效性。市场引导着技术开发的方向，技术本身的发展规律决定这种引导实现的程度。循着这一认识路径，我们看到，技术开发、开发成果的转移、技术开发成果的利用，才能构成一个完整的技术创新过程。

科学是技术之源，技术是产业之源，技术创新建立在科学道理的发现基础之上，而产业创新主要建立在技术创新基础之上。技术创新过程的完成，是以产品市场的成功为标志的，因此，技术创新的过程少不了企业参与。从企业的角度来看，采取何种方式进行技术创新，要视技术创新的外部环境、企业自身的实力等有关因素而定。对于大企业来说，技术创新的要求具体表现为，企业要建立自己的技术开发中心，提高技术开发的能力和层次，构建有效利用技术开发成果的机制；对于中小企业来说，技术创新的要求主要包括建立外部协同体系，深化企业内部改革，构建承接技术开发成果并有效利用的机制。

2.1.3 融资约束

现代融资理论认为，融资约束是指企业主体在经营过程中面临投资机会时由于自有资金不足而不得不寻求外源融资时遭遇的融资困境状态。融资约束产生的原因主要是信息不对称，信息不对称是企业受到融资约束的根本原因。由于资金供求双方存在信息不对称，资金供给方为了弥补信息劣势会花费时间、金钱搜集并整理信息从而产生相应的费用，这笔费用会转嫁至企业的融资成本中，这使企业内外部融资成本产生较大的差异，最终企业将面临较大的融资约束。在这种情况下，企业在融资过程中会因信息不对称而导致外部融资成本超过内部融资成本。部分优质公司因无法承担较高的外部融资成本，便会退出融资市场。同时，资金供给方为了规避风险，便会出现惜贷的情况，尤其是中小企业在创业和成长阶段，其经营历史较短、缺乏足够的抵押资产。根据风险与收益相匹配原理，融资风险越大，所要求的市场回报率越高，从而导致企业面临较大的融资约束。这种融资约束最终造成的现实困境就是企业融资难、融资贵、融资慢，从而抑制其利用投资机会来实现健康发展，甚至丧失未来发展的机会，最终对社会经济增长和居民福利改善带来不利影响。对于中小企业来说，融资约束直接表现为其在发展过程中资金可得性的刚性约束，特别是对于那些优质的、有发展前景的中小企业而言，融资约束导致的现金流枯竭和资金链断裂往往成为"压倒骆驼的最后一根稻草"。

因此，我们可以分别从广义和狭义两个角度界定融资约束的概念。从广义上看，融资约束是指信息不对称导致企业的内外部融资成本存在差异。企业会因较高的外部融资成本而放弃具有投资价值的研发项目，这会使企业投资不足，无法实现最优投资水平。而中国作为发展中国家，与发达国家相比，金融市场机制不够健全，制度也不够完善，因此创新企业面临的融资约束问题可能更加严重。从狭义上看，融资约束是指企业无法获得期望的投资资金。当企业内部资金不足以满足投资需求时，企业将无法以合理的融资成本获取所需资金数量，将会面临较大的融资约束。从以上分析可以看出，广义上的融资约束存在于从外部融资的所有企业，因为信息不对称一定存在于现实的不完美市场中，因此外部融资成本一定高于内部融资成本。狭义上的融资约束是指无法承担内外部成本差异而无法获取足够的研发资金，因此融资约束并不存在于所有企业。

2.1.4 数字普惠金融

普惠金融产生于 15 世纪，在较长一段时间内被视为一种依托宗教和募捐而产生的慈善公益行为。2005 年，普惠金融体系（inclusive financial system，或称包容性金融体系）的概念在联合国"国际小额信贷年"被提出并得到推广。联合国将普惠金融定义为"一个能够有效、全方位为社会所有阶层和群体——尤其是贫困、低收入人群——提供服务的金融体系"，小微企业、农民、城镇低收入人群等弱势群体是普惠金融的重点服务对象。周小川（2013）将普惠金融的概念与中国的现实国情相结合，认为"普惠金融是指通过完善金融基础设施，以可负担的成本将金融服务扩展到欠发达地区和社会低收入人群，向他们提供价格合理、方便快捷的金融服务，并不断提高金融服务的可获得性"。

随着科学技术的进步与应用，全球经济正在从工业经济向数字经济过渡。金融是现代经济的核心，金融创新通过优化资源配置为新时期经济发展质量的提升提供原动力。2016 年 9 月，全球普惠金融合作伙伴（GPFI）在 G20 杭州峰会上发布了《G20 数字普惠金融高级原则》，数字普惠金融首次走上国际舞台。数字普惠金融被定义为"泛指一切通过使用数字金融服务以促进普惠金融的行动"，其中利用数字技术推动普惠金融发展是第一原则。金融的本质在于信用，信用的基础在于信息技术。GPFI 进一步明确指出，数字普惠金融的具体内容是通过数字或电子化技术（如电子货币、支付卡和常规银行账户）开展各项传统金融服务和银行对账服务，关键在于负责任、成本可负担、商业可持续。

数字普惠金融是与网络金融、互联网金融、金融科技一脉相承的概念。实际上，数字普惠金融是以数据挖掘的应用为代表的一系列数字技术在金融市场认知上产生的范式革命，并在这种全新的认知范式指引下，创新了金融体系对信用—风险—价格补偿的逻辑闭环。数字普惠金融具有两大基本元素，即数字技术和金融创新。随着 5G、移动互联网、大数据、人工智能、云计算以及区块链等新兴数字技术的发展，金融与科技融合发展已成为全球金融创新的热点，中国也正成为金融科技领域的排头兵。数字技术降低了普惠金融的交易成本，提升了普惠金融风险控制的有效性，拓展了普惠金融服务的供给范围。数字普惠金融契合了"互联网+"时代金融发展的客观要求，能充分发挥技术优势，并与普惠金融理念、实践深度融合，成为解决当前普惠金融现实难题的有力手段和可靠路径。

结合《G20数字普惠金融高级原则》，我们可以归纳数字普惠金融的核心内涵为以下几个方面。

第一，数字普惠金融在社会关系中仍然承担着金融供给商的经济角色。数字普惠金融体系是随着数字技术的发展，为解决传统金融体系遇到的发展瓶颈及普惠金融的内生要求等问题发展起来的，数字技术的应用使金融业务的普惠服务得到了前所未有的改善。传统金融服务模式之所以遇到了发展瓶颈，最大的难点在于微型金融企业的双重绩效目标。要同时实现企业的经济效益和社会效益是非常难的，为了实现这一双重绩效目标，微型金融企业的发展受到了很大制约。因此，数字普惠金融的责任在于借助数字技术助推普惠金融发展，这也是传统金融机构不得不面对的深刻行业变革。以各类金融机构为代表的资金供给商必须主动对其经济角色进行重新定位，承担其在数字普惠金融体系中信用管理和金融服务的角色，在金融市场数字技术革命中改造服务流程和产品体系，从而成为负责任的数字普惠金融的参与者。

同样，我们也需要清楚地认识到，数字普惠金融体系中的各类服务机构的角色定位是由市场力量推动的，是在其提供数字金融服务的过程中自动形成的、政府强力推行的结果。正如《G20数字普惠金融高级原则》所指出的，政策制定者和监管者在此背景下的责任是在保护好消费者权益的同时，构建一个开放的金融服务环境，这一金融服务环境既包括可预见的法律和监管规则，也包括建设可靠而便捷的物理基础设施。各参与机构需要在市场机制指导下自觉承担起各自的社会责任。

第二，数字金融体系本身视"普惠"为其核心任务。金融服务的本质即以合理的风险成本实现合理的收益水平，并在此基础上不断延伸金融服务的深度和广度。从这个意义上说，普惠金融既要维持企业的合理成本水平，又要实现高的社会价值。但是，由于存在着信息不对称和逆向选择等问题，普惠金融的风险识别、信用记录和数据获得等成本都非常高，传统普惠金融的做法是高成本地定期频繁访问客户，靠线下高密度的物理网点触达低收入弱势群体。这也是金融市场存在挤出效应和金融市场机会不均等的根本原因。数字技术的发展，大数据、云计算等技术手段在金融服务中的应用，有效地解决了信息不对称的问题，使那些原本不被金融机构掌握信息从而被排除出金融服务的中小微企业、农户、低收入者等弱势群体得以享受平等的金融服务机会。数字普惠金融通过提供成本可负担、商业可持续的现代金融服务和产品，使得金融服务的普惠性得以实现，保障了金融消费者的合法权益。

第三，激励与监督机制是保障数字普惠金融可持续发展的必要手段。《G20数字普惠金融高级原则》中的"平衡好数字普惠金融发展中的创新与风险"这一原则强调的是，金融服务创新对普惠金融发展必不可少，政策制定者应鼓励金融机构进行创新，利用其所产生的益处惠及大众，尤其是惠及那些无法获得或缺乏金融服务的群体。为此，国家需要对真心实意履行普惠金融责任的金融机构、互联网金融企业优先给予政策扶持，从而形成示范效应。同时，数字普惠金融也带来了一些个别的和系统性的新风险，我们需要及时、有效地识别和处理这些风险，新的风险和旧的风险均须被防范和化解。但我们要认识到，并非所有的风险都能被消除。随着全球的政策制定者更加关注金融市场网络复原能力（cyber resilience）建设，并致力于保护金融体系免受非法活动侵扰，这一认识也就显得越发重要。为此，国家要坚决反对一切冒充普惠金融的违法违规行为，并及时进行追责和处罚，以净化数字普惠金融环境。因此，负责任的数字普惠金融需要构建完备的激励和监督机制，这对保障数字普惠金融可持续发展具有重要意义。

第四，合理分配责任、确保商业可持续发展是数字普惠金融的必然要求。在金融服务过程中，资金融入方成本可承担、资金供给方商业可持续发展是普惠金融的重要原则，任何一方不能得到满足则必然无法持续提供普惠金融服务。实际上，这种商业持续行为与数字普惠金融本身的责任分配紧密相连，对任何一方来说，承担的责任都对应着实在和可计量的权利与权益。因此，数字普惠金融责任的分配既是社会责任的分配过程，需要考虑道德伦理；也是权利和物质利益的分配过程，需要考虑经济理性。对金融消费者而言，享受金融服务应该是一项基本权利，以方便其自由利用金融市场为自身的未来发展谋得必需的资金支持。提供金融服务是数字普惠金融体系的责任，金融消费者为了享受这种权利则必须承担相应的责任，支付一定的成本，从而为资金供给者的未来发展和持续性运作提供必需的资金来源。只有这样，数字普惠金融才能通过合理分配责任实现商业可持续发展。

2.2　基础理论

2.2.1　中小企业融资的基础理论

长期以来，中小企业都是金融市场中的长尾客户，受到金融市场的排斥。中小企业存在融资约束的主要原因是：融资市场上的信息不对称与交易成本高，因此中小企业融资问题从根本上说是实体经济发展如何获得金融资源支持的问题。我们有必要讨论长尾理论和金融排斥理论、信息不对称理论和交易成本理论、金融深化和包容性增长理论。

（1）长尾理论和金融排斥理论。

Anderson 于 2004 年提出了"长尾"概念，该概念当时被用来描述像亚马逊等零售网站的商业经济模式。通过分析这些零售网站的销售数据，我们发现，互联网商品的需求曲线与传统的商品需求曲线截然不同。在互联网经济下，销售渠道的多元化以及成本的下降使得原本数量众多但需求极少的非畅销产品形成长尾市场，这些需求不多的产品所占有的市场份额和主流产品的市场份额差距相当大，甚至会更大，所以传统需求曲线有被拉伸的趋势，即呈现出统计学中的"长尾分布"特征。企业在融资时同样表现出长尾市场特征，其长尾市场的"头部"表示像国有大型企业等那些少量的高端客户对主流金融产品的需求，"尾部"表示像中小微民营企业这些大多数客户对金融产品的差异化需求。由于存在服务成本以及风险等限制因素，传统金融市场无法满足中小微企业对金融产品及服务的个性化需求。

金融排斥表现为社会中某些群体在获取金融产品和金融服务过程时会遭遇不公平待遇。1993年，Leyshorn和Thrift最先从地理维度界定了金融排斥概念。随后，在1999年，Kempson和Whyley将金融排斥扩展为接触排斥、条件排斥、价格排斥、营销排斥和自我排斥五个维度，这一结论得到国内学者一致认可。金融排斥主要从评估、条件和价格三个方面形成了企业融资约束，评估和条件方面的限制体现为出于盈利和风险考虑，大多数金融机构会在为中小企业提供资金时，在申请条件、申请流程和风险评估方面设定严格的准入限制，这使得很多中小企业被排除在金融服务供给之外。而价格方面的排斥则往往表现为传统金融机构在为中小企业服务时设定过高的金融服务价格，而这一价格远远超过了中小企业的承受能力，致使中小企业的融资需求得不到满足。

而数字普惠金融具有天生的"草根性"和"普惠性"，数字技术扩大了金融服务的覆盖范围，使被排斥在正规金融服务之外的长尾群体也能纳入数字普惠金融的服务范围之内，从而为中小微企业提供了融资便利。

（2）信息不对称理论和交易成本理论。

信息不对称理论产生于20世纪70年代，强调信息在市场经济中的重要作用，也证实了完美的市场并不存在。由于在市场交易活动中，交易双方对市场信息的了解程度存在差异，拥有较多信息的一方在市场交易中处于有利地位，而信息缺乏的一方则处于不利地位。根据信息不对称发生在事前还是事后，信息不对称理论可分为逆向选择和道德风险两种主要类型。

在现实生活中，资本市场并不完美，因此信息不对称理论成为解释企业融资约束的重要理论基础。对于企业来说，企业的潜在投资者是信息劣势一方，投资者拥有的信息越少表示投资该企业的风险越大，其产生投资损失的可能性越大。因此企业投资者为了减少投资损失，会提高融资价格，造成企业外部融资成本增加，融资约束问题由此产生。

1937年，科斯首次提出了交易成本理论，交易成本泛指所有为达成交易而付出的成本。1975年，威廉姆森在科斯的理论基础上，进一步将交易成本分为搜寻成本、信息成本、议价成本、决策成本、监督成本和违约成本。高昂的交易成本是中小企业融资的一块"绊脚石"，信息不对称问题的存在增加了投融资双方的搜寻成本、信息成本和议价成本；传统金融服务的非智能化加大了金融机构的决策成本、监督成本；违约成本的大小决定了企业的履约意愿，进而影响金融机构的放贷意愿。

数字普惠金融基于强大的数字技术，可以准确掌握中小企业经营信息，极大降低了信息搜寻成本、信息传递费用、交易议价成本，缓解投融资过程中的信息不对称，提升了金融服务效率，使得普惠金融能够惠及所占市场份额更大的中小微企业和民营企业，提高中小企业融资可得性。因此，数字普惠金融在一定程度上缓解了企业融资约束，为企业创新提供了更多的资金支持。

2.2.2　中小企业创新的基础理论

（1）资源基础理论。

Wernerfelt基于企业内部的实际资源拥有情况，于1984年首次提出资源基础理论的概念，该理论将企业视为包含具体资源和抽象资源的结合体，认为这些资源具有不可流动和不可复制的特点，并假定企业在市场上持续不断获得新的竞争力的源泉就在于本身拥有的具体资源和抽象资源的转换，这就是企业创新的源泉。随着资源基础理论研究的不断深入，该理论也得到了丰富和发展。

1991年，Grant在推进研究的基础上再次定义了资源基础理论，他认为汇集了有形资源和无形资源的企业应将企业战略制定的关注点放在资源观念而非产品观念上，企业的战略规划应聚焦于如何获得更多资源。而Barney（1991）则认为并非所有资源都能够提高企业的绩效，使企业获得竞争优势。各类企业不可能拥有完全一样的特点，不同企业有自身的特点或资源具有特殊性，而各类企业的特殊性则可能导致不尽相同的竞争力。该学者站在企业间战略资源差异性的角度，提出了可作为企业竞争优势基础的VRIN框架，他认为企业的长期竞争力源于特殊价值、市场紧缺、在一定时期内无法仿制且难以寻找替代品的资源。相似地，Peteraf（1993）将企业资源与战略相结合，他的研究结果表明企业的可持续优势及彼此间的差异是由企业所拥有的资源特殊性决定的。

随着学者们对企业创新绩效重视度的逐渐提高，资源基础理论也被广泛应用于企业创新绩效与竞争力问题的研究中。Dyer 和 Singh（1998）的研究显示，企业长期拥有竞争优势不能只依赖其内部资源，更重要的是企业长期发展中伴随的合作关系中的外部资源。从资源基础论的视角看，企业间应该在相互信任的基础上，挖掘组织间潜在互补的资源，促进个体间的合作交流，打破资源常规利用方式，最终实现并保持企业在市场上的竞争优势。该理论强调了资源对于企业创新活动的重要意义，为本书研究数字普惠金融对中小企业创新的影响奠定了理论基础，具有重要的理论参考价值。

（2）技术创新能力理论。

企业技术创新能力是指支持企业创新战略实现的产品创新能力和工艺创新能力的整合以及由此决定的系统的整体功能。

在技术创新能力因素构成上，国务院国资委研究中心前主任李保民认为技术创新能力包括研发能力、生产能力和销售能力三个方面。国外具有代表性的观点主要有以下几种：一是技术创新能力是企业在产品开发、产品营销、组织结构、市场开拓和技术信息的获取等方面的综合能力；二是技术创新能力是产品开发能力、改进生产能力、资金储备能力和组织能力的综合；三是技术创新能力由可利用的资源、对行业竞争对手的理解力、对内外部环境的理解力、企业文化、组织结构以及开拓性战略决策等要素组成；四是技术创新能力由科技意识、技术系统、管理系统等方面组成。

（3）创新生态理论。

创新生态系统是一种新型创新管理范式，是创新经济学发展的重要结果。Moore 于 1993 年率先提出商业生态系统概念。2004 年，美国竞争力委员会首次提出创新生态系统的概念。此后，学者们以创新生态系统作为主体，以价值获取、价值创造、网络等研究为客体，让二者深度结合，学术界也在创新生态理论这一概念界定上达成共识。所谓创新生态系统，是指一种联结结构，其目的是在互动多边的交流以及异质主体间的互动中达成共同愿景。创新生态系统一般是以企业为创新主体，包括供应商、消费者、政府、高校与科研机构以及各种环境要素在内的合作网络。

在一个完整的创新生态系统中，个体企业在依靠自身不断创新发展的同时，寻求与整体系统中其他创新个体间的合作竞争，才能动态把握市场的方向，决定长期的战略，从而在社会发展的潮流中不断生产出满足顾客动态需求的创新产品。本质上，创新生态系统体现各创新主体间的凝聚关系和合作关系。在一个创新生态系统中，各创新主体对未来有着共同的希望与愿景，很可能在长期的相互影响中有着相对稳定的关系，而不是只有简单的市场关系，或有一种长期的战略关系，具有其独特的竞争优势。创新生态系统概念的提出在该领域的研究中具有重要意义，是创新研究发展的里程碑，标志着学者们研究的重点完成了由要素构成的研究向要素与要素之间、要素与整体环境的转化。创新生态系统表达了整体系统的动态演化，强调了系统中要素间的自然影响和聚集，也突出了系统的自生长性。

2.2.3　数字普惠金融发展的基础理论

（1）金融深化理论和包容性增长理论。

20 世纪 60 年代末，发达国家实行低利率政策，这导致金融市场资源配置机制受到扭曲，出现金融抑制现象，经济非但没有起色反而出现"滞胀"。基于上述背景，许多经济学者开始重新审视金融对经济发展的影响。格利和肖（1956）提出经济发展和金融发展是相辅相成、相互促进的。帕特里克（1966）进一步指出金融发展水平会随着经济发展水平提升而提升，会由"需求导向"（发挥金融中介作用）向"供给导向"（分散风险和降低交易成本）转变。戈德史密斯（1969）提出在一国经济发展过程中，金融发展水平会不断提高直到出现临界值，但金融发展大体上与经济增长保持平衡关系。肖和麦金农（1973）在深入探究发展中国家普遍存在金融抑制现象的基础上，提出金融深化、抑制理论，认为发展中国家应通过金融深化改革，健全国家金融市场体系，扩大金融服务覆盖面，充分发挥利率和汇率机制作用，实现金融市场资源高效配置，进而推动经济又好又快发展。这也是金融深化理论首次进入人们的视野，随后，部分国家对该理论进行了运用和实践。虽然金融深化理论在一些国家取得了成功，但阿根廷等发展中国家却因推进金融深化改革而陷入金融危机。麦金农（1993）在《经济自由化的顺序——向市场经济过渡中的金融控制》中对金融深化理论进行了修正，更加重视国家的金融条件和环境，认为金融深化改革的前提是具备稳定的宏观经济环境，且与政府监管相配合。随后，Kapur（1976）、Galbis（1977）等学者先后对金融深化理论进行理论拓展和实证研究，并进一步就金融深化改革的思路和方向提出相关政策建议，强调金融深化应采取渐进式改革，稳步推进。赫尔曼、斯蒂格里茨等（1997）提出，政府的主动干预，能够在金融部门和生产部门创造租金机会，增强金融机构应对风险和放贷能力，调动生产部门投资和储蓄积极性，从而有助于促进金融深化。

2007 年和 2008 年，亚洲开发银行和世界银行均提出"包容性增长"的发展理念。包容性增长既强调经济增长，又强调重视增长机会和成果惠及社会所有阶层和全体，构建起具有"包容性"的经济环境。该理论认为政府部门应更加重视经济增长带来的社会阶层、区域发展的不平衡现象，以及环境破环、资源浪费等生态问题，应制定更加积极有效的对策，来推进经济社会的可持续和平等发展（Andrianaivo et al.，2013；Atkinson et al.，2011；贝多广 等，2017）。

基于包容性增长理论，国内外部分学者将包容性增长的政策思路总结为处理好政府和市场关系，通过完善基础设施、健全公共服务机制、优化可持续发展的经济政策、保障就业和减少贫困，来实现平等参与经济增长和共享改革发展成果，从而实现稳定持续的经济增长。数字普惠金融与包容性增长在发展理念、目标和对象上不谋而合，两者相辅相成、相互促进。数字普惠金融通过提高贫困人口、农民和小微企业的金融产品和服务可得性和使用深度，完善金融基础设施建设，优化资源配置，进而使每位主体能够公平、有效地参与经济增长和分配可持续发展红利，最终实现包容性增长。

（2）数字经济理论与普惠金融理论。

大数据时代，数字经济成为全球各国经济发展的主要动向。大数据时代的数据与农业经济时代的土地和劳动力及工业经济时代的资本和技术一样，都是重要的生产要素。数字经济即通过将数据转换为信息进而发挥其内在价值，使其成为经济运行的重要驱动力。数字经济运行及其理论目前仍然是一个开放体系，其定义也比较宽泛，Knickrehm 等（2016）认为"数字经济是通过数字化的投入而获得经济产出的活动"。2016 年 G20 杭州峰会也对数字经济进行了描述，认为"数字经济是以使用数字化的知识和信息为关键生产要素、以现代信息网络为重要载体、以信息通信技术的有效使用作为效率提升和经济结构优化重要推动力的一系列经济活动"。可以说，数字经济是通过一系列数字技术手段，如大数据、人工智能、区块链、物联网、云计算等将数据的价值充分发挥出来，重点关注产品和服务的使用过程并进一步收集使用过程的数据，从而全面优化资源配置，形成社会价值创造的新范式。

作为驱动经济运行的核心要素，数据的信息化引发了市场的产权制度、交易机制、信用关系、价格形成机制等一系列的根本性变革（易宪容等，2019）。对产权制度来说，数字经济弱化了财产所有权，或者说数字经济中的财产所有权正在消失。数据作为一种二进制编码，本身并不具备价值，其产生之后的传播或供给成本近乎零，这种无限供给的特性使其不具有排他属性。人们关注的是数据的消费价值，而并不关心数据本身的归属，因此数字产品的所有权属性被弱化了。数字经济使得商品交易过程中所有权可以与使用权完全分离，大数据拥有者与使用者直接点对点沟通和交易，这降低了交易成本，提高了资源配置效率。而大数据工业体系的建立，使得制造业由传统的提供产品向提供定制化产品与服务相结合，特别是大型制造业中产品生命周期服务体系的建议，进一步改变了制造业的产权运行方式。另外，当前全球开放银行兴起的浪潮也体现了数字经济产权运行方式的变化。开放银行数据即开放由传统银行所控制的银行客户的海量金融消费数据，这些数据的所有权不再由银行排外所有，而是银行作为开放平台将其数据信息与整个金融生态里的参与者共享，进而最大化数据价值，形成新的商业模式。

数字经济同样改变了经济体系中的信用关系表现方式，特别是就金融领域而言，这非常有助于缓解金融市场长期存在的信息不对称现象，从而引发金融运行效率的深刻变革。在农业经济时代，信用关系是人格化的关系，即交易者的亲疏远近和人际关系决定了信用价值。在工业经济时代，信用关系不再是人格化的关系，而是通过严密的法律体系和司法制度来保证的。在数字经济时代，数据的信息价值被数字技术深度挖掘，且能够低成本、便利和及时地在交易者之间传播，交易者亦能够通过可追溯且不可篡改的过往信息对其他参与者的信用水平进行判断，整个信用关系已经成为显性标签。这对于理解数字经济的运行逻辑极为重要。数字经济已然将信用关系技术化，即通过大数据、区块链、生物识别等技术，为每一个市场参与者进行了信用画像处理，大大降低了信用关系的识别成本、在市场交易过程中的摩擦成本，人们把注意力更加集中在交易标的的价值交换中，从而大大提高了市场资源配置效率。

联合国在 2005 年提出了"普惠金融"的概念，认为金融体系应该为所有有金融需求的各阶层、各群体提供成本可负担、商业可持续的金融服务，为之设计合适的金融产品，特别要满足小微企业、农民、低收入群体等的资金需求。满足这一要求的普惠金融体系应该包括普惠金融制度结构体系、交易主体体系和普惠金融市场体系（何德旭 等，2015）。实际上，中国在 2015 年"十三五"规划中也对普惠金融有所表述，其核心内涵与联合国的概念一致。周小川（2015）提出，普惠金融应该强调"为每一个人在有需求时都能以合适的价格享受到及时、有尊严、方便、高质量的各类金融服务"，这一表述强化了为所有需求者提供金融服务时的质量要求。

从福利经济学的角度来看，普惠金融可以被视为研究金融发展与金融福祉关系的理论，即以金融发展成果是否被普遍共享和合理分配为原则，来分析和评判金融发展及其演化路径的优劣。星焱（2016）归纳了判别具体金融实践是否为普惠金融的"5+1"法则，即提炼五个核心要素和一个特定服务对象来界定普惠金融的经济行为范畴。五个核心要素包括可得性、价格合理性、便利性、安全性和全面性。其中可得性是最为基本的度量指标，客观上可用金融服务的覆盖程度来衡量，主观上可以用获得金融服务的人口占比来衡量；价格合理性要求金融服务兼具生产者剩余和消费者剩余，前者意味着金融机构商业可持续，后者意味着消费者价格可负担；便利性则从获得金融服务的时间、空间和交易成本三个维度来考察；安全性包括服务本身的合法性、交易体系的安全性以及消费者权益保护三方面；全面性则进一步扩展了普惠金融的内容，即普惠金融不仅仅意味着融资约束缓解，还要有更多样化的理财、支付结算、担保、征信、权益保护等金融服务。而对普惠金融的一个特定服务客体的界定，则是避免普惠金融概念被宽泛化的重要保证，只有那些非自愿被传统金融机构排斥的弱势群体，即长尾群体，能够充分享受金融服务时，才真正达到了普惠金融的目的。

2.3　本章小结

作为全书的理论基础，本章首先定义了中小企业、技术创新、融资约束、数字普惠金融等主要概念；其次，本章阐述了中小企业融资基础理论、中小企业创新基础理论、数字普惠金融发展基础理论。

融资约束是影响中小企业创新的主要因素，金融排斥、信息不对称和交易成本的存在是造成中小企业融资约束的主要原因。中小企业创新发展离不开金融资源的支持，数字经济的发展提高了普惠金融的普惠性，数字普惠金融能够更好地惠及中小企业等"长尾客户"，使其能够平等地参与金融活动，为解决中小企业所面临的融资约束问题提供了新的路径，为企业创新提供更多的资金支持。各个政府部门应处理好与市场的关系，深化金融改革，优化金融资源配置，构建起具有"包容性"的经济环境，最终实现包容性增长。

3 四川省数字普惠金融和中小企业技术创新现状

本章主要描述了四川省数字普惠金融现状以及中小企业创新现状。对于数字普惠金融现状，本章介绍了数字普惠金融的发展模式和四川省数字普惠金融整体发展水平，并简要介绍了数字普惠金融对四川省中小企业创新的支持现状。对于四川省中小企业创新的现状，本章从四川省企业总体创新投入状况以及地区间差异状况、科技型中小企业的培育现状方面进行简要描述。

3.1 数字普惠金融发展历程和发展模式

3.1.1 数字普惠金融发展历程

金融是现代经济的核心，金融创新通过优化资源配置为新时期经济发展质量的提升提供原动力。普惠金融产生于 15 世纪，在较长一段时间内被视为一种依托宗教和募捐而产生的慈善公益行为。2005 年（国际小额信贷年），普惠金融（inclusive finance）这一词语才被首次提出。发展普惠金融的最直接目的，即改变传统金融体系的金融排斥（financial exclusion），能够全方位地为社会所有阶层和群体提供适当、有效和便捷的金融产品和服务。因此，普惠金融又被称为"包容性金融"。我国普惠金融政策起步相对较晚。根据政策的推进和完善程度，从国家层面强调或出台"普惠金融"政策文件开始，我国普惠金融总体上经历了 20 世纪 90 年代早期致力于推进改善农村贫困问题的公益性扶贫小额信贷；2006 年普惠金融出现在中国，且国家出台政策支持小额信贷组织和村镇银行发展，逐步扩大金融服务的覆盖范围（焦瑾璞 等，2015）；现今借助互联网信息技术发展数字普惠金融这三个重要阶段。经过多年的发展和政策推进，普惠金融的服务效率和质量不断提升，成效显著，成果颇丰。

具体而言，2012 年 6 月，胡锦涛于 G20 墨西哥峰会上，提出普惠金融问题的本质是发展问题，要建立一个惠及所有国家和民众，尤其是针对广大发展中国家和民众的金融体系。小微企业作为普惠金融服务的重点对象，融资难题较为突出。2013 年 3 月和 2013 年 8 月，国家相关部门出台关于金融支持小微企业发展的相关意见，从贷款可得性、服务多样性等方面做出要求和制定相关政策。2013 年，《中共中央关于全面深化改革若干重大问题的决定》首次从国家政策层面提出发展普惠金融。发展普惠金融已经逐渐成为推动传统金融变革、激发新金融活力、推进金融业务创新、为多主体提供全方位配套金融服务的有力保障。2015 年中央一号文件强调，探索建立以发放小额贷款为主的小额信贷组织，服务对象以农村居民为主，发起人主要包括企业或自然人。2015 年 3 月，发展普惠金融在政府工作报告中被再次重点强调，核心要素是扩大金融覆盖面。自此，村镇银行以及一些小额信贷组织迅速发展起来，作为普惠金融的全面实践者，成为传统银行类金融机构信贷的有益补充。2015 年年底，中央全面深化改革领导小组第十八次会议首次将普惠金融作为国家重大战略规划，审议通过了《推进普惠金融发展规划（2016—2020 年）》（以下简称《规划》），并于 2016 年 1 月正式发布。《规划》明确提出普惠金融发展的目标、思路，并从健全多元化覆盖的金融机构体系、鼓励利用信息技术等七个方面阐述其重要内容。从 2012 年普惠金融首次进入人们视野，到 2013 年正式提出发展普惠金融，再到制定普惠金融五年发展规划，体现出国家对普惠金融在认识上的逐渐深化和在思想上的越发重视。国家从顶层设计层面做出重大战略部署，地方各级政府纷纷出台政策并予以执行，形成了系统、完整的发展框架。

随着互联网技术的不断更新迭代，我国移动互联网、人工智能、云计算等技术实现了爆发式发展，数字普惠金融应运而生并不断发展。2016 年9 月，在杭州举办的二十国集团峰会进一步探讨和通过了普惠金融高级原则、构建普惠金融指标体系以及数字普惠金融的发展方向和内容。数字普惠金融首次走上国际舞台，《G20 数字普惠金融高级原则》也成为全球数字普惠金融发展的指引性文件，"利用数字技术推动普惠金融发展"成为第一原则，这也标志着数字普惠金融正式成为全球未来金融扶贫的重要方向。2017 年 7 月，在全国金融工作会议上，习近平总书记首次提出"建设普惠金融体系"，并再次明确我国普惠金融的数字化发展方向。2017 年 10月，党的十九大报告指出，发展普惠金融是增大金融服务实体经济的覆盖面和提升金融服务效率的一个重要途径。因此，融合"互联网+"，深度发展普惠金融，已经成为中国现代金融建设与发展的核心内容之一，进一步丰富了金融的内涵和外延，代表了新经济、新时代金融的重要发展方向。金融与科技融合发展已成为全球金融创新的热点，中国也正成为金融科技领域的排头兵。数字技术降低了普惠金融的交易成本，提升了普惠金融风险控制的有效性，拓展了普惠金融服务的供给范围。数字普惠金融契合"互联网+"时代金融发展的客观要求，能充分发挥技术优势，并与普惠金融理念、实践深度融合，成为解决当前普惠金融现实难题的有力手段和可靠路径。表 3.1 为我国发展数字普惠金融的代表性政策。

表 3.1　我国发展数字普惠金融的代表性政策

时间	文件或会议	主要内容
2015 年 3 月	《政府工作报告》	提出大力发展普惠金融，强调核心要素是扩大金融覆盖面
2016 年 1 月	《推进普惠金融发展规划（2016—2020 年）》	明确提出普惠金融发展目标、思路，并从健全多元化覆盖的金融机构体系、鼓励利用信息技术等 7 个方面阐述其重要内容

表3.1(续)

时间	文件或会议	主要内容
2016 年 9 月	杭州二十国集团峰会	将数字普惠金融作为重要议题探讨,发布了《G20 数字普惠金融高级原则》《G20 普惠金融指标体系》等文件,为数字普惠金融的发展明确了方向
2017 年 7 月	全国金融工作会议	提出"建设普惠金融体系",并再次明确我国普惠金融的数字化发展方向
2017 年 10 月	党的十九大报告	指出发展普惠金融是增大金融服务实体经济的覆盖面和提升金融服务效率的一个重要途径

3.1.2 数字普惠金融发展模式

随着数字技术的发展,互联网金融和普惠金融的融合发展越来越密切,金融科技公司与传统金融机构互补合作,合力推动数字普惠金融走向综合发展之路。我国数字普惠金融也经历了"传统互联网金融模式"阶段和"互联网直接融资模式"的发展阶段。在数字技术的推动下,目前数字普惠金融正处于"金融科技"阶段。在此阶段,我国已探索出针对不同用户和不同应用场景的服务模式,包括网络支付、网络借贷、网络众筹、互联网保险、互联网理财等。

(1)网络支付。

网络支付通常是指独立于传统的银行支付体系,基于网络提供线上(互联网)和线下(电话、手机、独立支付实体)支付渠道,完成从用户到商户的在线货币支付、资金清算、查询统计等一系列过程的一种支付交易方式。1999 年,北京推出的"首信易"支付平台,标志着中国网络第三方支付业务的起步。2004 年,支付宝首推信用中介模式的担保交易,解决了网商交易的信任问题,自此,互联网支付日新月异地发展起来。2012 年,微信支付与支付宝钱包开创了移动支付新局面。现在,以支付宝和微信支付为代表的第三方网络支付,已经完全打破了传统支付结算模式的垄断。近年来,我国网络支付交易规模显著增长,非银行支付结构的网络支付业务量增长速度非常快。根据央行数据，2015 年网络支付市场规模仅为49.48 万亿元，而 2018 年的网络支付交易规模则达到 208.07 亿元，增长了 3 倍多，年均复合增长率高达 153%。2019 年中国非银网络支付金额达到了 249.88 万亿元，较 2014 年的 24.72 万亿元增长近 10 倍，年均复合增长率高达 58.83%。

随着中国非银网络支付规模的快速增长，以支付宝、微信支付为代表的非现金支付服务极大地改变了人民的生活，使众多的长尾客户群体接触到基础的金融服务，感受到网络支付的便捷，提高了数字金融技术的普惠性。移动支付的普及率逐步上升，大大提高了居民获得金融服务的可能性。金融服务消费者通过移动网络，足不出户即可满足最为基本的金融服务需要。这在极大程度上消除了传统金融中普遍存在的地域限制问题。可以说，数字技术的发展为普惠金融解决了困扰多年的"最后一公里"问题，提高了金融服务的覆盖程度，弥补了部分传统金融服务的空白，为金融服务覆盖不足人群获取正规金融服务提供了有效途径，提升了数字普惠金融的可得性。同时，网络支付促进了数字普惠金融的多样化发展。随着网络支付尤其是 C 端用户的日趋饱和，网络支付机构的竞争，已经从单纯的市场规模竞争转变为商业模式、服务模式的竞争。

（2）网络借贷。

数字金融的发展以及移动支付带来的金融服务普及，促进了网络借贷模式的发展。根据我国 2016 年 8 月出台的《网络借贷信息中介机构业务活动管理暂行办法》，网络贷款指的是个体和个体之间通过互联网平台实现的直接借贷，其中，个体包含自然人、法人及其他组织。虽然网络贷款通常主要是指 P2P 网络贷款（peer to peer online lending），但是从广义上讲，网络贷款应该包括所有基于网络平台完成的借贷交易，因此网络借贷实质上是以互联网借贷平台作为信息中介，实现资金出借方与资金融入方的有效匹配，满足双方个体之间的投融资需要。网络借贷的服务模式主要包括网贷平台模式、电商平台贷款模式和传统金融机构的数字化服务。网贷平台模式是以互联网为媒介，将资金盈余者的小额资金聚集起来贷给有资金需求的人群所进行的点对点式的小额借贷模式。融资方是被阻挡在传统金融融资服务门外的个人或者企业，投资者是拥有闲散资金的大众群体，而平台仅作为信息中介来撮合投融资交易，其代表性平台有宜信和道口贷。电商平台贷款模式指的是电商平台基于大数据平台信息优势，为平台上的中小微企业提供线上信用贷款服务，是目前发展规模最大和最具发展潜力的模式，最具代表性的平台有蚂蚁金服（现已改名为"蚂蚁集团"）和京东金融。传统金融机构数字化普惠金融服务是指传统银行依托云计算、大数据等新型技术，实现向数字化普惠金融服务转型，目前各大商业银行纷纷推出线上普惠金融产品，如工商银行的"经营快贷"、农业银行的"微捷贷"、平安银行的"KYB系统"等。从形式上看，网络借贷可以分为个人信用贷款、电商平台贷款以及网上银行贷款。具体来说，电商平台贷款是指互联网借贷平台以数据挖掘和信用风险评估的方式，为小微电商商户提供网络信贷；网上银行借款包括以微众银行、网商银行为代表的互联网科技平台所提供的金融科技解决方案以及传统商业银行的业务线上化、零接触式的金融服务。

网络借贷是数字金融发展初期的部分表现形式和有机组成部分。多样化网络融资方式和多层次融资平台为中小微企业融资提供了多种融资路径；数字技术可以实现海量客户信息的精准分析和信用评估，简化了服务流程，提升了中小微企业融资可得性和融资服务效率，有效弥补了传统金融服务的短板和空白，实现了扶持实体经济发展的金融服务目标。网络借贷在一定程度上解决了以往小微企业融资难的问题，是对传统信贷模式的有益补充，对数字金融的发展与创新发挥着积极的推动作用。

（3）网络众筹。

网络众筹是指资金需求者将自己的资金需求、项目详情、运营情况和盈利模式等具体信息公布在众筹平台上，采用交换实物、股权、债权的方式，向社会公众募集资金的行为，其本质是一种直接融资模式。网络众筹作为互联网时代新兴的融资模式，与天使投资、风险投资等融资途径并不相同，对推进普惠金融的发展具有重要意义。数字网络众筹融资模式，是基于数字技术，通过互联网渠道向大众募集创业企业早期发展所需资金的一种行为。网络众筹模式主体包括三方：发起人、投资人、平台运营方。目前，我国的数字网络众筹形式主要包括股权众筹、奖励众筹、公益众筹等。具体地讲，股权众筹的法律地位并不明确，但在我国的融资缺口最大；奖励众筹基本针对的是项目筹资，实际融资情况多能满足市场需求；而公益众筹在我国的发展受到很大限制。对于初创型企业特别是初创期缺乏抵押物和信用记录的科技型企业，网络众筹不仅可以为企业募集足够的初创资金，还可以广泛分散企业发展早期的科创风险，降低传统天使投资、风险投资的巨大风险。网络众筹模式的发展促进了企业创新和创业，成为大众创业和万众创新的重要融资方式。

（4）互联网保险。

互联网保险是指保险公司作为第三方保险机构以互联网或大数据技术为工具来支持保险销售的经营管理活动行为，数字技术给保险业带来了巨大的变化。与传统保险相比，互联网保险对普惠金融具有更强的发展支持能力。利用互联网的长尾效应，消费市场的增量险种被不断创新。依据渠道反馈和大数据分析，互联网保险实现了保险普惠产品的精准设计、生产与营销。直销、代理和第三方平台等渠道环节，都实现了产品销售的网络化、碎片化和场景化。另外，互联网保险的可得性极大地拓展了普惠金融的覆盖广度和使用深度。因此，数字技术引导保险业普惠发展是对传统保险的革命性创新。互联网保险具有标准化、低价格、社交性、私人订制等特点，体现了传统保险和互联网技术的密切融合，因此近年来迎来了快速发展的阶段。2011 年，互联网保险的保费收入仅为 17.7 亿元，2019 年增长到 2 696 亿元，同比增长 42.8%，远高出保险市场同期增长率。首先，互联网保险降低了保险经营机构的成本，提高了经营效率。互联网保险利用大数据等数字技术，简化了投保、理赔等业务流程，降低了保险公司的人力和物力成本，而成本的降低不仅能够增加互联网保险经营主体的利润，还降低了各保险产品保险费率，进而让消费者受益，从而能够让保险产品实现普惠消费者的目标。其次，互联网保险丰富了保险经营机构的获客渠道。互联网保险将传统保险的销售业务从线下转移到线上，使客户能够直接通过电脑和移动终端设备购买保险产品，获得保险服务，也使保险行业的信息不对称问题得到缓解。通过大数据技术，互联网平台能够及时了解客户的潜在需求，进而进行精准营销和差异化定价，从而改变了保险业务需要进行大量线下递推工作的传统，且有效改变了客户转化率低的局面。最后，互联网保险推动了保险产品结构的优化升级。互联网保险公司会根据不同的应用场景，设计独特多样的险种，这些嵌入场景中的互联网保险产品普遍具有简单、价格低廉、个性化强、投保方便、理赔快捷等特点。利用抓取场景的优势将保险服务深入人们日常生活的各个方面，已经成为保险经营机构切入长尾市场的重要抓手和突破口。从总体上看，互联网保险对于提高经营效率、促进保险市场多元化发展、促进保险行业改革创新、实现可持续发展具有重要意义。

（5）互联网理财。

互联网理财以投资者为中心，对客户的资产、负债、流动性进行管理，以满足其不同阶段的财务需求，达到帮助其降低风险、实现财富增值的目的。随着经济的发展，互联网财富管理快速发展，我国个人可投资总额从 2008 年的 0.04 万亿元迅猛增长到 2015 年的 1.29 万亿元。但目前我国的专业理财从业人员不足 50 万人，很难满足市场需求。而"互联网+"和数字技术的出现，为互联网理财管理行业的崛起提供了恰当的发展时机。数据显示，2018 年我国互联网理财市场规模达 5.867 5 亿元，同比增长 15.1%。虽然相比传统金融理财产品，互联网理财平台"创新产品"的金融本质并没有发生实质性的改变，但是网络平台技术的介入使金融理财产品颠覆了原有的销售渠道与方式，提高了获客效率，降低了服务成本与理财门槛，让更多长尾用户享受到金融理财服务。很多互联网理财产品的单笔购买金额不超过百元，这提升了用户的理财意愿，扩大了理财金融服务的覆盖人群。相比传统基金购买渠道少、手续烦琐等特点，互联网理财的注册和购买流程简单，互联网理财界面简洁、操作方便，提高了专业理财产品的易用性，增强了大众尝试与使用的意愿。另外，互联网理财通过降低金融服务提供成本，提升了商业可持续性。互联网理财利用大数据和云计算等前沿技术，对海量信息进行处理，有效控制了预测误差，保障了系统稳定、安全运行，在规模效应下降低了运营成本。同时，互联网金融公司的参与丰富了保险产品种类，推动保险产品不断优化升级，促进保险行业的改革创新。

综上所述，在数字普惠金融的众多发展模式中，与中小企业融资及中小企业创新密切相关的是网络借贷和网络众筹模式。

3.2 四川省数字普惠金融发展现状

3.2.1 我国数字普惠金融总体发展水平

近年来，数字普惠金融在我国实现了跨越式发展。北京大学数字金融研究中心联合蚂蚁集团合作编制的数字普惠金融指数，由数字金融覆盖广度、使用深度和数字化程度三个维度构成，具体的指标构成如表 3.2 所示。

表 3.2　数字普惠金融指标体系

一级维度	二级维度	具体指标
覆盖广度	账户覆盖率	每万人拥有支付宝账号数量
	账户覆盖率	支付宝绑卡用户比例
		平均每个支付宝绑定银行卡数

表3.2(续)

一级维度	二级维度		具体指标
使用深度	支付业务		人均支付笔数
			人均支付金额
			高频度（年活跃50次及以上）活跃用户数占年活跃1次及以上比例
	货币基金业务		人均购买余额宝笔数
			人均购买余额宝金额
			每万人支付宝用户购买余额宝的人数
	信贷业务	个人消费贷	每万支付宝成年用户中有互联网消费贷的用户数
			人均贷款笔数
			人均贷款金额
		小微经营贷	每万支付宝成年用户中有互联网消费贷的用户数
			小微经营者户均贷款笔数
			小微经营者平均贷款余额
	保险业务		每万人支付宝用户中被保险用户数
			人均保险笔数
			人均保险金额
	投资业务		每万人支付宝用户中参与互联网投资理财人数
			人均投资笔数
			人均投资金额
	信用业务		自然人征信人均调用次数
			每万支付宝用户中使用基于信用的服务用户数

表3.2(续)

一级维度	二级维度	具体指标
数字化程度	移动化	移动支付笔数占比
		移动支付金额占比
	实惠化	小微经营者平均贷款利率
		个人平均贷款利率
	信用化	花呗支付笔数占比
		花呗支付金额占比
		芝麻信用免押笔数占比（较全部需要押金情形）
		芝麻信用免押金金额占比（较全部需要押金情形）
	便利化	用户二维码支付的笔数占比
		用户二维码支付的金额占比

数字普惠金融指数精确地衡量了2011—2020年我国数字普惠金融的发展水平和各省（区、市）的数字普惠金融发展状况，如表3.3和图3.1所示。

表3.3　2011—2020年我国数字普惠金融指数以及分指数统计

指标	2011年	2012年	2013年	2014年	2015年	2016年	2017年	2018年	2019年	2020年	年均增长率/%
总指数	40.00	99.69	155.35	179.75	220.01	230.41	271.98	300.21	323.73	344.45	33.83
覆盖广度	34.28	80.43	120.63	169.90	191.11	208.44	245.79	281.92	307.76	326.44	32.46
使用深度	46.93	116.50	172.70	154.07	173.66	215.27	293.69	287.50	312.83	344.50	33.06
数字化水平	46.32	132.72	238.46	258.95	399.64	330.50	319.01	383.70	396.30	395.82	38.83

数据来源：北京大学数字金融研究中心。

从整体来看，全国数字普惠金融指数从2011年到2020年呈现出明显上升的趋势，数字普惠金融指数均值由2011年的40.00上升至2020年的344.45，年均增长33.83%。这说明了我国数字普惠金融取得了快速发展。从其分指数的走势来看，2020年，覆盖广度均值为326.44，是2011年的9.52倍和2015年的1.71倍，呈持续增长状态；使用深度的均值为344.50，分别是2011年的7.34倍和2015年的1.98倍，增长趋势不稳定；

数字化水平指标在 2015 年前处于增长趋势，在 2015 年至 2017 年间数字化
水平有所下降，2017—2020 年的数字化水平又呈现出增长趋势。这主要是
因为较第一期（2011—2015 年）指数而言，数字化水平指标体系在第二期
（2016—2018 年）编制时指标统计口径发生调整，实际上数字化水平也一
直处于增长态势。普惠金融数字化水平增长最快，年均增长 38.83%。覆
盖广度和数字化水平的逐步提高才会带动数字普惠金融的用户使用深度，
使用深度年均增长 33.06%，并且指数的各年份增长也各不相同。

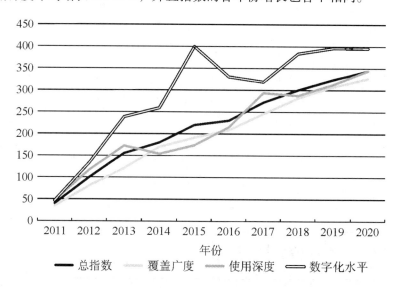

图 3.1 2011—2020 年我国数字普惠金融指数以及分指数均值趋势

3.2.2 四川省数字普惠金融发展水平

（1）数字普惠金融整体取得了快速发展。

如图 3.2 所示，从整体来看，四川省数字普惠金融指数从 2011 年到
2020 年呈现出明显上升的趋势，数字普惠金融指数均值由 2011 年的 40.16
上升至 2020 年的 334.82（见表 3.4），年均增长 32.74%，较全国的平均增
长水平低 1.09%，但基本持平。这说明了四川省数字普惠金融取得了快速
发展。从其分指数的走势来看，各项分指标的发展趋势与全国平均指数走
势相同。普惠金融数字化程度增长最快，年均增长 39.17%，较全国的平

均增长水平高 0.34%；而覆盖广度年均增长 31.30%，较全国的平均增长水平低 1.16%；使用深度年均增长 31.81%，较全国的平均增长水平低 1.25%。数字化水平增长趋势不稳定，也是因为在 2016—2018 年数字化水平的指标统计口径发生调整，所以数字化水平实际也处于增长状态。

表 3.4　四川省数字普惠金融指数以及分指数统计

年份	总指数	覆盖广度	使用深度	数字化水平
2011	40.16	29.02	58.56	43.50
2012	100.13	74.36	126.5	137.31
2013	153.04	114.03	176.71	238.82
2014	173.82	162.58	159.82	236.39
2015	215.48	182.08	176.54	396.51
2016	225.41	197.00	216.54	335.38
2017	267.80	231.87	301.54	325.14
2018	294.30	266.15	295.83	384.51
2019	317.11	291.22	319.53	398.23
2020	334.82	310.76	344.86	396.05

数据来源：北京大学数字金融研究中心。

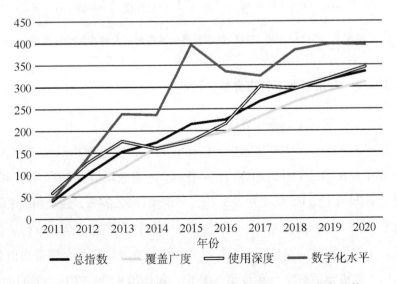

图 3.2　2011—2020 年四川省数字普惠金融指数以及分指数趋势

（2）不同地区数字普惠金融发展不均衡。

2006 年为了促进四川经济发展，四川省对各市（州）进行了区域划分。根据资源条件、地理区位和发展潜力，在充分发挥各地区特色与优势、保护好和引导好各地区加快发展积极性的前提下，四川省通过发展经济和人口转移，逐步形成特色突出、优势互补的成都、川南、攀西、川东北、川西北生态五大经济区。第一，成都经济区包括成都市、德阳市、绵阳市、眉山市、乐山市、资阳市、遂宁市、雅安市八市。按照"城乡一体，率先跨越"的思路，四川省充分发挥基础设施相对完善、城镇发展水平较高和经济技术实力较强的比较优势，以高新技术产业为主导，重点发展技术含量高的先进制造业和现代服务业，促进产业结构优化升级，保持较快的经济发展速度。第二，川南经济区包括自贡市、泸州市、内江市和宜宾市四个地级市。四川省按照"产业整合、快速崛起"的思路，充分发挥自然资源比较丰富和基础设施较完善的比较优势，以建设能源和重化工基地为主要方向，发展能源、化工、机械、建材、食品工业和特色农业、旅游业，使之成为四川省经济发展新的增长极。第三，攀西经济区包括攀枝花市、凉山州①两个市（州）。四川省按照"资源整合、高速增长"的思路，充分发挥独特的水能、矿产、生物等资源优势，大力发展特色优势资源产业，带动经济快速发展。第四，川东北经济区包括广元、南充、广安、达州和巴中五市。四川省按照"开发资源、培育产业"的思路，充分发挥丰富的天然气资源和生物资源的比较优势，积极培育和延伸天然气产业链，建成我国西部重要的天然气能源、化工基地。第五，川西北生态经济区包括甘孜、阿坝两个州。② 四川省按照"保护生态、点状发展"的思路，根据自然资源比较丰富但环境承载力相对较弱的特点，加大水能、旅游和矿产等优势资源合理开发的力度，改进传统农牧业生产方式，逐步建成特色鲜明、环境优美、人民富裕的生态经济区。数字普惠金融指数精确地衡量了2011—2020 年四川省各市（州）的数字普惠金融发展状况，如表3.5 所示。

---

① 凉山州全称为凉山彝族自治州。

② 甘孜州全称为甘孜藏族自治州，阿坝州的全称为阿坝藏族羌族自治州。

表 3.5 四川省数字普惠金融发展情况统计

地区	2011 年	2012 年	2013 年	2014 年	2015 年	2016 年	2017 年	2018 年	2019 年	2020 年
成都市	80.20	122.82	161.17	173.19	205.30	225.06	253.89	266.77	281.09	292.20
自贡市	49.94	89.93	124.10	139.50	167.16	185.71	212.31	221.01	231.98	243.18
攀枝花市	52.63	76.86	113.84	153.14	172.42	193.48	217.55	225.88	235.21	245.38
泸州市	46.31	78.76	116.70	135.98	158.78	182.82	207.27	215.94	225.84	238.42
德阳市	56.70	95.91	127.81	147.37	171.69	196.99	221.87	226.56	240.27	248.40
绵阳市	58.66	95.46	135.89	148.50	174.21	190.97	226.76	232.48	242.83	252.85
广元市	40.68	83.95	111.84	130.43	156.34	181.91	203.88	210.94	222.93	232.50
遂宁市	40.37	78.29	112.34	126.38	154.24	182.56	205.82	214.18	223.19	233.14
内江市	43.11	79.63	117.25	125.78	156.69	178.81	204.56	214.42	223.62	235.26
乐山市	51.97	92.04	128.28	138.15	170.10	191.20	216.02	225.54	236.03	246.43
南充市	41.19	82.29	117.35	134.74	157.63	182.47	207.78	215.24	268.46	280.06
眉山市	42.09	87.22	115.49	133.95	164.06	185.75	211.23	221.31	232.52	244.01
宜宾市	49.03	85.81	119.60	132.85	161.30	181.23	210.00	218.66	229.14	241.20
广安市	42.46	78.76	111.53	126.76	157.61	183.04	204.75	212.38	224.05	234.32
达州市	35.08	71.48	105.28	122.16	151.32	175.81	198.32	206.48	217.88	229.79
雅安市	43.68	87.24	126.21	135.30	162.64	184.79	209.93	213.84	223.82	236.95
巴中市	25.77	69.57	100.74	116.74	145.97	171.04	195.33	201.35	211.35	222.67
资阳市	45.44	79.02	112.92	129.34	156.38	184.25	212.00	221.02	221.20	229.38
阿坝州	37.13	76.69	100.43	133.04	154.13	181.67	210.85	206.86	214.61	226.69
甘孜州	33.65	78.04	108.77	119.52	148.32	174.64	199.64	209.21	214.61	223.47
凉山州	24.37	65.89	107.69	135.77	148.00	171.61	195.99	202.63	210.41	221.61

图 3.3 展示了 2011—2020 年四川省各地级市（州）的数字普惠金融指数。从整体来看，四川省各地级市（州）的数字普惠金融指数从 2011 年到 2020 年都经历了快速增长。其中，成都市的数字普惠金融总指数最高，2020 年达到 292.20，2011—2020 年的平均值为 206.17；数字普惠金融总指数最低的是凉山州，2020 年的金融指数是 221.61，2011—2020 年的平均值为 148.40（见图 3.4）；但是，凉山州增长速度最快，从 2011 年到 2020 年增长了 9.09 倍，巴中市、南充市、甘孜州、阿坝州分别增长了 8.64 倍、6.80 倍、6.64 倍和 6.11 倍。虽然巴中市、甘孜州、阿坝州等落后地区的数字普惠金融指数增长速度较快，地区间的发展差异也在逐年缩

小，但与发达地区相比仍存在一定的差距。

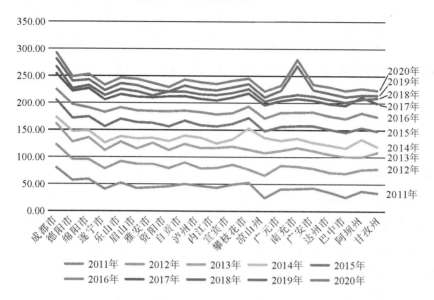

图 3.3 2011—2020 年四川省地级市（州）数字普惠金融指数趋势

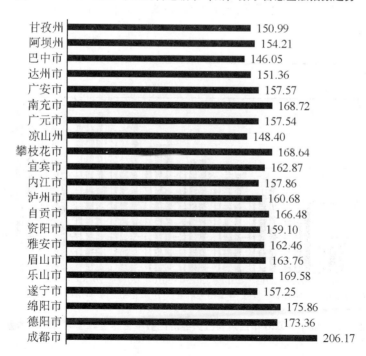

图 3.4 2011—2020 年四川省地级市（州）数字普惠金融指数平均值

图 3.5 展示了 2011—2020 年四川省五大经济区的数字普惠金融指数平均值。从整体来看，四川省各大经济区的数字普惠金融指数都呈现出增长状态。图 3.6 显示，2011—2020 年成都经济区的数字普惠金融总指数平均值最高，川西北生态经济区的最低。分地区来看，成都经济区的数字普惠金融总指数均值在 2011 年为 52.39，2020 年为 247.92，是 2011 年的 4.73倍；川南经济区的数字普惠金融总指数均值在 2011 年为 47.10，2020 年为239.51，是 2011 年的 5.09 倍；攀西经济区的数字普惠金融总指数均值在2011 年为 38.50，2020 年为 233.50，是 2011 年的 6.06 倍；川东北经济区的数字普惠金融总指数均值在 2011 年为 37.04，2020 年为 239.87，是2011 年的 6.48 倍；川西北生态经济区的数字普惠金融总指数均值在 2011年为 35.39，2020 年为 225.08，是 2011 年的 6.36 倍；川东北经济区和川西北经济区的数字普惠金融总指数增长速度更快。从图 3.7 的分指标来看，2020 年成都经济区覆盖广度为 237.70，是川西北生态经济区的 1.14 倍，使用深度为 245.37，是攀西经济区的 1.08 倍，数字化程度在各大经济区的差异不大。

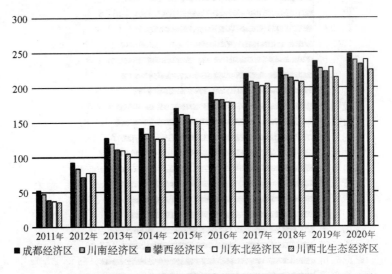

图 3.5　2011—2020 年四川省五大经济区数字普惠金融指数各年平均值

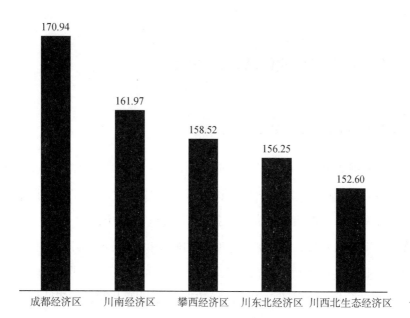

图3.6　2011—2020年四川省五大经济区数字普惠金融指数总体情况

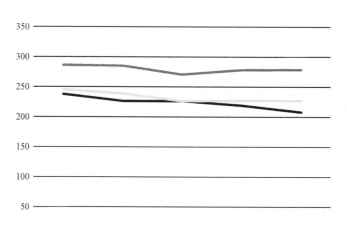

	成都经济区	川南经济区	攀西经济区	川东北经济区	川西北生态经济区
覆盖广度	237.7	226.25	226.32	219.09	207.96
使用深度	245.37	238.63	226.28	227.12	226.87
数字化水平	286.33	284.94	270.32	277.87	278.38

图3.7　2020年四川省五大经济区数字普惠金融分指数平均值

3.3 四川省企业创新投入现状

3.3.1 四川省企业研发投入总体状况

在国家战略部署的推动下，国民经济发展对创新驱动的需求更加迫切。"十四五"规划强调，要强化国家战略科技力量，提升企业技术创新能力，激发人才创新活力，完善科技创新体制机制。因此，若要实现实体经济的创新驱动发展，就必须要有足够的研发投入来支持实体企业（特别是中小企业）的创新活动。在此背景下，四川省对于企业创新高度重视并提出了新的要求。根据四川省统计局数据，随着四川省经济持续增长，研发（R&D）经费支出也在不断增加。表 3.6 为 2015—2020 年四川省 R&D 经费支出情况。

表 3.6 2015—2020 年四川省 R&D 经费支出情况

指标	单位	2015 年	2016 年	2017 年	2018 年	2019 年	2020 年
R&D 经费支出	万元	5 028 761	5 614 193	6 378 500	7 370 813	8 709 515	10 552 846
R&D 经费支出同比增长率	%	11.92	11.64	13.61	15.56	18.16	21.16
与全国 R&D 经费支出同比增长率对比	%	3.05	1.01	1.3	3.79	5.63	10.96
地区生产总值	亿元	30 053.10	32 934.54	36 980.20	40 678.13	46 615.82	48 598.76
R&D 经费占地区生产总值的比例	%	1.67	1.72	1.72	1.81	1.87	2.17
与全国 R&D 经费占 GDP 的比例比较	%	-0.39	-0.38	-0.4	-0.33	-0.36	-0.23

资料来源：《四川统计年鉴》。

截至 2020 年年末，四川省 R&D 经费支出达 10 552 846 万元，占当年地区生产总值的比重为 2.17%，与全国 R&D 经费占 GDP 的比例比较，低于全国水平，但是经费总额与比重均呈现出逐年上升趋势，同比年增长率均高于10%的水平，高于全国 R&D 经费支出同比增长率，这说明四川省对于自主创新必要性的愈发重视。

表 3.7 展示了四川省 R&D 经费的来源情况。可以看出，主要来源为政府资金和企业资金，R&D 经费支出的比例为95%左右，政府资金和企业资金的投入总额逐年增加，政府资金占 R&D 经费支出的比例从 2015 年的45.78%下降为 2020 年的39.82%，企业资金占比则从 2015 年的48.52%上升至 2020 年的54.08%，这说明四川省企业在开展研发创新活动时越来越多地依靠自有资金。自有资金包括企业内部现金流支持以及外部直接或间接融资。由于资本市场发展还有待完善，且对于企业直接融资具有较高的要求，一般企业难以满足，因此企业主要依赖向银行等外部金融机构借款等间接融资方式筹集研发资金。但是作为创新主体的中小企业，却在银行机构等提供的传统融资模式中受到信贷歧视，因此，发展数字金融创新融资模式对于缓解企业外部资金压力、增加企业研发投入有着积极的作用。

表 3.7 2015—2020 年四川省 R&D 经费资金来源情况

按资金来源划分	单位	2015 年	2016 年	2017 年	2018 年	2019 年	2020 年
政府资金	万元	2 302 223	2 404 210	2 455 639	2 909 491	3 181 107	4 201 990
政府资金占 R&D 经费支出的比例	%	45.78	42.82	38.50	39.47	36.52	39.82
企业资金	万元	2 439 994	2 930 224	3 602 613	4 234 597	5 104 513	5 707 215
企业资金占 R&D 经费支出的比例	%	48.52	52.19	56.48	57.45	58.61	54.08
境外资金	万元	12 915	10 611	5 505	8 863	5 082	26 565
境外资金占 R&D 经费支出的比例	%	0.26	0.19	0.09	0.12	0.06	0.25
其他资金	万元	273 629	269 147	314 742	217 862	418 813	617 076
其他资金占 R&D 经费支出的比例	%	5.44	4.79	4.93	2.96	4.81	5.85

资料来源：《四川统计年鉴》。

从表 3.8 中可以看出，2015—2020 年四川省专利授权数量逐年上升，2020 年专利授权数达到了 108 386 项，较 2015 年增长 66.87%，增长幅度较大。这说明随着我国强调自主创新的重要性，四川省企业的创新研发能力也有了新的发展。从专利质量来看，发明专利授权数占专利授权总数的比例在 2015 年为 14.02%，2020 年为 13.09%，授权比例最高的为 2017 年，占比为 17.76%，总体占比水平平稳。实用新型专利授权数最高，占专利授权总数的比例由 2011 年的 48.37% 增长到 2020 年的 68.21%，增长速度较快。外观设计专利授权数占专利授权总数的比例由 2011 年的 37.61% 下降到 2020 年的 18.70%（见图 3.8）。从以上数据可以看出，专利质量仍有较大提升空间。

表 3.8 2015—2020 年四川省专利申请及授权情况　　单位：项

项目	2015 年	2016 年	2017 年	2018 年	2019 年	2020 年
专利申请数	110 746	142 522	167 484	152 987	131 529	—
专利授权数	64 953	62 445	64 006	87 372	82 066	108 386

资料来源：《四川统计年鉴》。

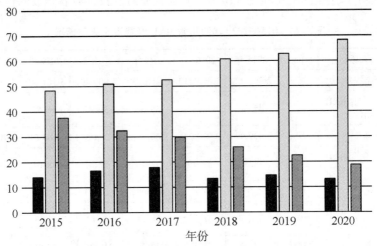

■ 发明专利占比/%　□ 实用新型专利占比/%　▨ 外观设计专利占比/%

图 3.8 不同类型授权专利占比情况

3.3.2 四川省企业研发投入的地区差异

表 3.9 展示了四川省各市（州）R&D 经费支出情况。各市（州）R&D

经费支出呈持续增长状态；但是城市间发展存在较大差异，排在前三位的分别是成都市、绵阳市和德阳市。R&D 经费支出最高的是成都市，从 2015 年的 2 575 677 万元增长到 2019 年的 4 525 439 万元；其次是绵阳市，2015 年的 R&D 经费支出为 1 189 639 万元，2019 年为 1 862 602 万元。R&D 经费支出水平是最低的是甘孜州，2015 年仅有 2 058 万元，2019 年增长到 4 224 万元。可见，四川省各市（州）之间的创新投入发展水平非常不均衡。

图 3.9 展示了 2015—2019 年四川省五大经济区 R&D 经费支出情况。分地区来看，成都经济区的 R&D 经费支出明显高于其他非成都经济区，尤其是川西北生态经济区的创新投入状况还处于非常低的水平。各经济区的创新投入水平差异大，尤其是东北的和西北地区有较大的追赶空间。

表 3.9 2015—2020 四川省各市（州）R&D 经费支出情况

单位：万元

地区	2015 年	2016 年	2017 年	2018 年	2019 年	2020 年
成都市	2 575 677	2 890 665	3 312 620	3 923 101	4 525 439	5 513 993
德阳市	400 603	452 018	528 337	572 636	678 435	769 511
绵阳市	1 189 639	1 281 444	1 355 883	1 523 706	1 862 602	2 150 373
遂宁市	29 817	36 582	57 886	86 082	98 304	130 001
乐山市	79 891	101 794	128 399	150 290	172 995	188 116
眉山市	23 175	33 494	43 059	50 898	65 036	108 538
雅安市	59 195	62 144	56 901	63 378	73 323	83 105
资阳市	11 470	9 973	16 110	19 236	19 863	38 006
自贡市	69 172	96 981	95 514	109 506	122 912	142 498
泸州市	58 090	69 692	97 045	122 896	142 884	198 189
内江市	67 519	53 828	71 389	57 641	103 288	128 640
宜宾市	191 671	200 244	218 720	244 450	294 185	369 757
广元市	11 784	28 006	33 634	41 830	51 718	67 819
南充市	24 838	52 972	87 424	103 588	138 491	204 098
广安市	6 954	17 706	22 672	15 196	35 276	60 823

表3.9(续)

地区	2015 年	2016 年	2017 年	2018 年	2019 年	2020 年
达州市	40 757	48 381	60 752	67 787	99 136	147 604
巴中市	9 984	13 950	14 598	17 288	20 242	22 638
攀枝花市	119 745	110 856	131 004	144 439	138 351	156 045
凉山彝族自治州	52 053	46 913	39 160	43 296	51 246	12 814
阿坝藏族羌族自治州	4 669	4 489	4 501	9 915	11 565	4 909
甘孜藏族自治州	2 058	2 061	2 892	3 657	4 224	55 370

资料来源：《四川统计年鉴》。

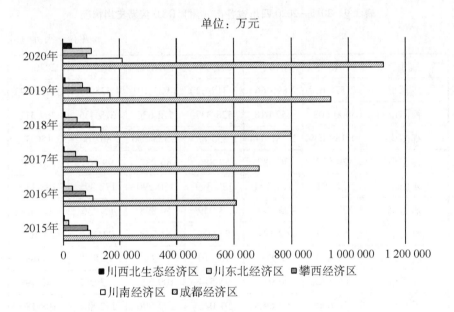

图 3.9 2015—2020 年四川省五大经济区 R&D 经费支出情况

3.4 四川省科技型中小企业的培育现状

2020年，四川省出台了13条支持措施，突出对科技型创新创业主体的帮扶、创新创业载体的建设、创新创业环境的优化。以构建"苗圃（众创空间）—孵化器—加速器—产业园"孵化体系为目标，2020年全年新备案省级科技企业孵化器13家、省级众创空间39家，新认定省级大学科技园2家，国家新批复四川省国家级科技企业孵化器6家。2020年全年新增国家级、省级孵化载体60家。2020年年底，全省全年累计建成国省级科技企业孵化器、众创空间、大学科技园共419家、孵化载体总面积超480万平方米、创业团队和在孵企业2万余家。

培育科技型中小企业是一项系统工程，政府除了给资金外，还需要提供一系列制度保障。为了实施科技型中小企业发展提质升级行动，大力支持中小企业开展评价入库，2020年四川省安排中小专技术创新项目153项、资金3 000万元。同时，四川省向科学技术部推荐了46家优秀科技型中小微企业，争取到了"科技助力经济2020"重点专项资金3 000万元。2020年第一批省级科技计划项目聚焦的是全省"5+1"现代工业、"10+3"现代农业、"4+6"现代服务业等重点产业发展科技需求，支持企业牵头的科技项目资金12.90亿元，其中支持中小企业科技项目资金9.87亿元，占比达76.51%。同时，四川省相关部门针对科技型中小企业科技创新，推出了"研发投入后补助"模式。企业可以向相关部门申请进行研发的补助。据四川省科学技术厅统计，2020年全省1 052家企业申报，745家获得企业研发投入后补助，资助资金7 228.8万元，撬动企业研发投入增量45.04亿元。此外，2020年，四川省开展的双创活动周、创新创业大赛、创新挑战赛等一系列活动，不仅吸引了约4 000个企业和创业团队报名参赛，一大批企业晋级国赛，而且通过四川赛区平台获得投资的项目超过220个，实现投融资金额超14亿元。为了发挥省创新创业投资引导基金、省科技成果转化投资引导基金的引导作用，吸引社会资本共同支持中小企业创新创业和科技成果转移转化，2020 年，四川省正式启动了"天府科创贷"试点，联合 12 家银行金融机构，向四川省科技型中小企业提供了超过 12 亿元的专项贷款。四川省安排科技创新券后补助 692.26 万元，扩大了科技创新券的规模和适用范围，以科技创新券撬动创新极点，凝聚创新资源，提升创新效能，降低创新成本，增强创新后劲。此外，四川省积极发挥孵化载体联盟和协会的纽带作用，号召创业孵化机构为在孵企业和团队适当减免房租。2020 年全省创业孵化机构为在孵企业减免房租总金额达到 6 423.4 万元。

根据四川省科学技术厅提供的信息，2020 年四川省评价入库国家科技型中小企业总数首次突破 1 万家，达 12 293 家，比 2019 年增长 32%。其中，高新技术企业 3 301 家，比 2019 年增长 36.40%；规模以上企业 2 812 家，比 2019 年增长 23.71%；瞪羚企业 36 家，2020 年第二批拟备案的 62 家瞪羚企业中，有 56 家为科技型中小企业。12 293 家科技型中小企业的经济发展活力不断增强，技术创新能力得到提升，资产总额达 2 852.26 亿元，增长 20.22%；净资产达 1 476.01 亿元，增长 18.06%；销售收入总额达 2 097.55 亿元，增长 24.04%；主营业务收入 2 058.53 亿元，增长 23.99%；利润总额 86.23 亿元，增长 10.57%。企业研发费用总额达 213.99 亿元，比 2019 年增长 21.23%。

无论是创新补助方式，还是推出"天府科创贷"，目的是进一步发展壮大中小企业创新主体，促进其健康成长。目前，四川省涌现出成都泓睿科技有限责任公司、成都纵横大鹏无人机科技有限公司等一批成长快、业绩好、研发投入高、创新能力强、发展前景好、成长空间大的科技型中小企业。

3.5 本章小结

本章主要对数字普惠金融发展历程和发展模式、四川省数字普惠金融发展现状、四川省企业创新投入现状以及四川省科技型中小企业的培育现状进行简单分析。通过现状探究发现，随着数字技术和金融的融合发展，数字普惠金融在我国实现了跨越式发展，已形成集网络支付、网络借贷、网络众筹、网络保险以及网络理财于一体的综合数字普惠金融服务模式。通过对四川省数字普惠金融发展现状分析发现，四川省数字普惠金融整体取得了快速发展，但不同地区的数字普惠金融发展不均衡。从四川省研发经费支出的来源情况看，创新的主要资金来源为政府资金和企业资金，政府资金占研发经费支出的比例逐年下降，四川省企业在开展研发创新活动时越来越多地依靠自有资金。但是作为创新主体的中小企业，却在银行机构等提供的传统融资模式中受到信贷歧视，数字金融的发展对于缓解企业外部资金压力、促进企业加大研发投入有着积极的作用，数字普惠金融在支持中小企业创新方面优势逐渐显现。四川省也连续出台多条支持措施，加大对科技型中小企业的培育力度，使科技型中小企业的经济发展活力得到增强，技术创新能力得到不断提升。

4 数字普惠金融对中小企业技术创新的作用机理

4.1 数字技术与金融服务深度融合

数字技术与金融的深度融合颠覆了以往的金融业务模式，以互联网平台为载体，实现了以往各个割裂金融市场的整合，扩大了金融服务的范围，为金融生态多元化发展打下了坚实的基础。这种新的业态对实体经济的发展产生了前所未有的巨大价值。数字技术与金融服务的深度融合现状如图 4.1 所示。

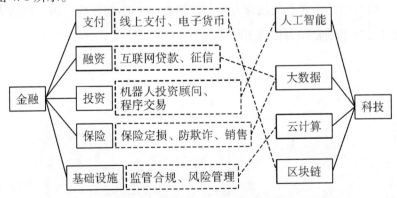

图 4.1 数字技术与金融服务的深度融合现状

资料来源：金卓梁. 数字金融对中小企业创新的影响研究：基于融资约束的中介效应检验 [D]. 杭州：浙江大学，2021.

4.1.1 人工智能与金融服务

人工智能（AI）将人的智能延伸到计算机系统，具体包括对图像和语言进行识别、自然语言的处理以及机器学习等。在金融领域，信贷审批、投资审查的过程都需要人工参与，从而产生了大量的人力成本。同时，客户对于个人信息隐私保护的需要，使得人工智能技术实现了与金融的结合。2012 年年初至 2021 年第一季度，人工智能行业在中国发展迅猛，累计融资额高达 6 095 亿元，受到各路资本的追捧。2012—2018 年，AI 行业无论是投融资规模还是事件数量都有较快的增长；2019 年，人工智能产业融资额达 1 006 亿元，同比下滑 24.4%，融资事件 665 起，同比下降 26.5%，首次出现回落，投资热情下降，逐渐趋于理性。

4.1.2 数字技术与金融服务

（1）大数据。

大数据是指通过全渠道的数据采集及全场景多维度数据分析，能够驱动全场景的业务分析与决策的一类生产资料。在政策支持和技术融合的推动下，中国大数据行业市场规模提升迅速，截至 2019 年年末，大数据行业规模达到 8 094 亿元，增长率较上年有所回落，但仍有 29.03% 的增长率。大数据技术在各商业领域的应用前景广泛，其应用环节进展不一。新基建数据中心发展前景广阔，助力技术创新能力持续增强。在布局上，大数据产业发展"东高西低"的基本结构没有发生变化。

（2）云计算。

云计算是指借助云端服务器对数据进行高效运算和分析，降低了本地对于硬件设备的性能要求。按照服务交付方式的不同，云计算可以划分为 IaaS（将 IT 基础设施直接作为服务进行交付）、PaaS（将数据库等平台直接作为服务进行交付）、SaaS（将应用解决方案作为服务交付）。中国企业出于对信息安全等因素的考虑，对公有云的接受程度和应用程度相对处于较低水平，导致中国公有云在云计算市场中的占比要低于世界中等水平。

但随着中国企业对公有云的接受与应用程度逐步提高，公有云市场潜力有望得到进一步提升。

（3）区块链。

区块链具有去中心化、不可篡改、匿名等技术特性，完美符合金融领域对于数据安全、隐私保护、交易可靠性的高要求。2020年，受到新冠肺炎疫情的冲击，区块链等科技行业的总体投融资水平有所下降。全球区块链市场有望重新回到增长轨道，中国仍将在区块链国际市场规模中排名第二，市场地位稳固。

因此，"数字普惠金融"以信息的载体——数据为基础，依托大数据、云计算、区块链等互联网新兴数字技术，构造出"金融+数字技术"的全新普惠金融模式，可以克服传统金融模式存在的一系列弊端，促进金融市场风险分散和价格发现功能的实现；并且通过对不同企业主体行为数据的抓取和信息的快速匹配，实现对企业较为精确的征信和风险评估，有助于缓解金融市场和企业信息不对称的现象。在互联网技术不断发展的背景下，数字技术提升了金融服务的普惠性与渗透性，可以有力推动普惠金融的横向与纵深全方位均衡发展（Gabbor et al.，2017），是对传统普惠金融的深入拓展。邓珊珊（2019）认为数字普惠金融的普惠性更强，数字技术可以拓宽融资渠道和服务范围、提升效率，结合"数字技术+金融+监管"成功经验，形成具有中国特色的普惠金融运行模式。可以说，数字技术的发展为普惠金融解决了困扰多年的"最后一公里"问题，提高了金融服务的覆盖面，是对传统金融系统的有益补充。

4.1.3　数字金融的发展趋势

数字技术的快速发展，对金融领域的业务产生了重要的影响。从数字金融发展历程来看，我国数字金融的发展大致经历了三个阶段。

第一个阶段：金融体系信息化建设阶段。科学技术的发展加快了全球信息化建设的步伐。1993年，为了探索中国金融机构的电子化发展道路，国务院明确提出了要加快现有金融体系电子化建设的目标，这一举措标志着中国金融体系的信息化建设被正式提上日程。随着信息化建设的逐步深入，信息化手段与传统金融业务不断融合，电子化和信息化也逐步替代原有的金融工作方式，使传统金融机构的业务处理效率得以提高，从而显著降低了业务运营成本。

第二个阶段：线上线下并行运营阶段。随着互联网时代的到来，借助互联网平台的高用户黏性和边际获客成本低等独特营销特性，各大金融机构纷纷展开线上业务，改变了金融服务的服务场景，改革了运营模式。银行、券商及保险等传统金融机构纷纷实现了互联网模式的革新，推动了网上银行、网络借贷、移动支付等多种金融业务的出现。在该阶段，线上线下并行运营成为主流。

第三个阶段：数字金融新业态阶段。新一代数字技术的迅速发展，逐步向各金融服务领域和环节渗透，包括资产管理、线上理财、大数据征信等，从根本上颠覆了传统金融服务逻辑。同时，利用数字化手段赋能旧的监管模式以应对数字金融新业态成为监管发展的主流方向。2011—2020年中国31个省（区、市）的数字普惠金融指数详见附录A。从中可以看出，中国的数字普惠金融业务在2011—2020年实现了跨越式发展，各省数字普惠金融指数的均值从2011年的40，增长到2020年的341.22。在这一阶段，中国后来居上，凭借人口红利、发达的新基建以及移动互联网的高普及率等优势，在数字金融的国际竞争中保持绝对领先。

4.2 数字普惠金融缓解中小企业融资约束

数字普惠金融具有成本低、效率高的"数字化"特征，以及覆盖面更广、满意度更高的"普惠"特征，能够有效缓解中小企业的融资约束问题，更好地服务于具有差异化需求的中小企业，对促进中小企业外部融资和企业创新投入具有重要的作用和积极影响。

4.2.1　数字金融普惠性条件逐渐成熟

依据金融发展理论，运行良好的金融市场对于提高中小企业的外部融资能力尤为重要。有利的数字金融发展条件，将提高数字金融服务覆盖的广度和服务深度，推动数字金融更好地服务越来越多的长尾客户，有助于提高数字金融的普惠性。

4.2.1.1　政策支持条件

政策支持条件是指政府和监管机构发布的政策和法规，是对数字金融发展的方向性指引。央行通过货币政策，实施对小微企业的定向降准，尽可能满足小微企业的资金需求；财政政策则通过专项资金及税收补贴的方式助力数字普惠金融发展，使长尾客户群体能够更好接触基础金融服务；产业政策则为数字金融底层技术的发展提供了政策支持和引导；数字金融作为新的金融业态，其健康可持续的发展自然离不开多个行业部门的监管，以及对其发展模式进行必要的引导和规范。

4.2.1.2　数字化基础条件

近年来，随着科技强国战略的提出，新一代的数字化新兴技术蓬勃发展，助推了中国通信业的持续稳步发展，通信网络建设稳步推进，4G 业务逐步向5G 业务迭代更新，移动用户规模随着移动互联网普及率同步提高。正是这一系列的数字化基础设施条件的完善，支持着中国数字金融的高速发展。

（1）移动通信普及率高。

目前中国移动电话市场规模已趋于饱和，属于存量竞争市场。2020年，移动电话普及率为 113.9 部/百人，发展趋势呈现出平稳态势。从中国各省市 2020 年的移动电话普及情况来看，北京、上海和浙江较为突出，分别是 181.4 部/百人、176.2 部/百人和 146.8 部/百人，全国大部分地区的移动通信普及率基本持平。这说明中国移动通信普及率存在的区位差异较小，覆盖较为全面。

（2）互联网覆盖范围扩大。

自 2010 年以来，中国网民规模一直呈现出逐年上升趋势。2010 年中国网民规模为 4.38 亿, 2020 年年末达到 9.64 亿, 较 2010 年大幅提升 120.1%。中国互联网普及率更是从 2010 年的 50.64% 上升到 2020 年的 68.7%。

（3）网络基础设施能力不断提升。

根据工业和信息化部的数据, 2015—2020 年中国移动电话及 4G 基站数稳步上升, 增长趋势平稳, 在 2020 年年末数量分别达到 931 万个和 575 万个。中国 5G 建设一直处于世界第一梯队, 随着 5G 时代的到来, 国家大力发展新基建, 目前已基本实现对全国地级以上城市的全覆盖。中国 5G 基站数的较快增长, 将进一步带动我国数字信息化的迭代升级。随着网络基础设施逐步完善和向基层农村偏远地区的渗透, 越来越多的长尾客户群体将享受到数字金融所带来的基础金融服务。

4.2.1.3 社会经济基础条件

（1）多层次征信系统建立。

自 20 世纪 90 年代以来, 中国征信系统随着各类信息技术的发展一直处于迭代更新的状态, 现已形成了较为完善且多层次的体系。多层次主要体现为央行征信中心主导的金融征信、各类政务征信以及信用评级等的商业征信。大数据技术的深入应用, 比如蚂蚁集团推出的芝麻信用服务, 弥补了传统征信系统对非结构化信息处理能力的不足, 补全了传统风控模型的短板, 将极大推进中国信用信息系统的进一步完善。

（2）消费者保护与教育体系不断完善。

广大消费者是中国金融市场的主要参与者, 央行及银保监会等金融监管机构一直在通过多种途径加强金融消费者保护与维权。同时, 随着国家不断向小微企业以及基层群众普及金融基础知识, 金融市场消费者的融资技能、信用意识不断提高, 对资本市场的认可度逐步上升, 有助于其开拓融资思路, 缓解小微企业融资约束问题。

数字化金融条件的日趋完善, 加速了整个金融生态链的转型, 数字金融得到了一个"井喷式"的发展机遇。数字金融通过金融与数字技术的深度融合, 其业务模式也通过针对不同的客户群体及应用场景, 在实践中呈现出多种形态。尤其是在本次新冠肺炎疫情期间，数字金融凭借其独特的创新优势，在缓解中小企业现金流资金压力以及助力实体经济复苏等方面都发挥着积极的作用。

4.2.2　数字普惠金融对融资约束的影响

在世界范围内，中小企业都面临着相对于大型企业更加严重的融资约束。由于中小微企业的经营不稳定、透明化程度低、抵押品价值低，资金供给者难以确定企业的偿付能力和偿付意愿，两者间存在着较为严重的信息不对称，因此中小微企业不得不承受更高的融资成本，甚至可能被传统金融部门拒之门外。中国的金融体系尚不健全，传统金融体系服务能力不足，导致中小企业普遍陷入严重的融资困境，限制了广大中小企业的发展。

随着新一代数字技术的迅速发展，数字金融这一新的金融发展模式得以迈入发展快车道，这为解决中小企业的融资困难问题提供了新的思路和解决方案。数字金融弥补了传统金融的不足，通过降低金融服务的门槛，提高服务的深度和广度，减少了中小企业面临的诸多限制条件，为解决中小微企业融资难问题提供了许多机遇。图 4.2 为数字普惠金融对中小企业融资约束的作用机理。

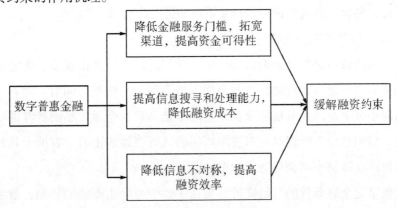

图 4.2　数字普惠金融对中小企业融资约束的作用机理

第一，数字普惠金融降低了金融服务门槛，拓宽了融资渠道，增加了中小企业的资金供给。数字普惠金融利用场景、服务等优势，通过应用先进的数字技术，实现对多个平台海量底层数据的抓取和处理，建立切实有效的新型信用评估模型，开发和捕捉金融市场上的长尾群体，有效地解决了中小企业在银行借贷中所面临的信用信息、财务信息不完善，信贷违约风险较高等问题；通过整合信贷市场和资本市场，创新信贷、股权质押产品，灵活调整融资规模、方式和时间，提高资金供求匹配度，多样化满足中小企业自身和产业链经营、创新等活动资金缺口，降低金融服务门槛，帮助分散且数量众多的中小企业获得信贷支持，提高资金可得性；通过将传统金融产品与互联网技术相结合，拓展金融服务的广度和使用深度，优化资源配置，减轻信贷扭曲程度，为缓解中小微企业融资约束提供了可能。大量文献研究表明，数字普惠金融利用信息技术创新金融服务模式和业态，拓宽金融制度边界，提高金融包容性（贾军 等，2016）；通过小额信贷、众筹融资、第三方支付等新型金融科技平台，为广大小规模的投资者提供了低门槛、高效率、多品种、个性化的金融服务，从而有助于为中小企业融资增加资金来源，有效缓解了中小微企业的创新融资约束。数字技术与金融服务的结合为小微企业融资提供了更多的可能性和选择。

第二，数字普惠金融提高了金融作为中介的信息搜寻和处理能力，降低了中小企业的创新融资成本。在数字普惠金融时代，数字经济发挥着举足轻重的作用，为传统的金融信贷服务赋予了新内容。一是传统的金融机构推出了网上银行、手机银行等业务，使其业务信息愈加透明，有利于降低银行与中小企业之间的活动成本，也通过数字技术拓宽了业务范围。二是数字经济也促使金融贷款服务的多样化，纯网络银行、P2P 网贷平台等层出不穷；其信息通过数字平台传达到有贷款需求的中小企业，能有效减少搜寻成本和交易成本，中小企业可以根据实际情况选择贷款方，有利于中小企业摆脱在传统融资服务中处于劣势地位的处境。三是以银行为代表的传统金融机构在对中小企业的贷款需求项目进行审核时，为全面评估风险、避免违约事件发生，通常要经过烦琐、漫长的审核流程，这会使得企业的融资成本高企。数字金融依托云计算、搜索引擎、社交网络等互联网技术，拥有独特的信息搜集和处理能力，将烦琐的人工流程由系统进行一站式解决，在耗费极少资源的同时更加高效、快捷地筛选信息和甄别风险，极大地提高了贷款流程审批效率，降低了人工处理和协调成本；同时使得放贷时的风险评价成本降低了，中小微企业的创新融资成本也降低了。Huang 等（2019）基于蚂蚁集团海量的贷款信息，发现蚂蚁集团通过首创的"310"信贷审批模式，依托数字金融手段，极大缩短了金融信贷审批时间，优化了原本烦琐的审批流程，同时降低了业务过程中的人工响应与干预成本。

第三，数字普惠金融有效地解决了银行等金融机构和中小企业之间存在的信息不对称的问题，提高了中小企业的融资效率。一方面，银行等金融机构可以通过对企业及其所属行业在经济发展中的数据进行收集、处理和审核，对中小企业的财务状况、实际经营情况以及抵御风险能力等进行全方位、多层次的评估，通过对中小企业的全面审核给予其合理的信贷支持和金融服务。近年来，数字经济的高速发展，促使第三方支付平台从最开始提供单纯的商务服务转化转变为提供综合服务，这样就可以链接中小企业运作、融资及投资的各个环节，为中小企业在资金流转、信用提升、经营管理、风险管控等各方面提供支撑，以确保在融资过程中供求双方即银行等金融机构和中小企业的信息透明化、对称化，防止由于信息不对称所带来的融资失败。另一方面，数字普惠金融的兴起与发展能够有效地解决中小企业在担保和审批中遇到的问题。中小企业缺乏担保方的主要原因是对其经营能力和抵御风险能力缺乏相应的评估，数字普惠金融通过大数据、云计算等技术，对不同行业和企业的行为数据进行抓取和有效整合，构建起征信体系。在该体系下，资金放贷方利用数字技术收集和匹配中小微企业的行为数据，可以对目标企业进行多维度信用评价，这样担保方就可以放心为中小企业融资作担保；同时，原有融资程序的冗长和高成本也是阻碍中小企业融资的"拦路虎"，归根到底是审批流程过于复杂和烦琐。数字普惠金融的发展能够加快审批流程，与以往耗费大量的人力、物力不同，搭载数字信息平台的数字普惠金融在审批环节几乎不消耗任何资源，能省事、省时、省力地完成审批工作。基于这种数字技术的贷款审批方式，可以简化企业资质审核和贷款审批流程，使得中小企业在政策上的劣势得以扭转，能顺利获得融资，提高了金融市场的融资效率。

4.3　数字普惠金融发展促进中小企业创新

Hall（1992）最早将融资约束纳入企业创新影响因素的分析框架，他通过实证检验了融资约束会抑制企业创新活动。研发创新活动具有比一般投资项目更大的不确定性和信息不对称性，外部投资者很难对创新活动进程进行实时监管，因此制约了外部资金在企业研发项目上的投入意愿。技术研发作为现代企业保持核心竞争力的重要商业行为，其研发方向和成果决定了公司未来的发展战略和目标，对企业而言至关重要。因此，企业一般倾向于尽量少披露或者不披露公司的具体研发创新情况，这导致了资金融入方与融出方之间更为巨大的信息差，最终加剧企业的融资约束。依照融资次序理论（Myers et al.，1984），一般企业只有在内部资金供给充足的情况下，才会有意愿进行研发投入，当企业内部现金流无法填补研发创新项目的缺口时，企业会优先向外部投资者寻求债权融资，以期保证实控人对于公司的绝对控股权。正常情况下，当债权融资方式也无法满足资金需要时，企业才会通过稀释股权来获得外部融资支持。国外学者 Love（2003）基于全球 40 多个国家的微观企业数据，从定量的角度证实了信息不对称水平与融资约束之间的显著正相关关系。陈海强、韩乾和吴锴（2015）提出技术创新具有风险高、投入多、见效慢的特点，当企业面临较为严重的融资约束时，将倾向于削减研发投入，从而导致进行中的研发创新项目存在更容易被终止的风险。大型企业可以依靠其规模优势以及高价值的可抵押资产，降低信息不对称带来的不利影响，继而获得外部信贷支持（魏志华 等，2014）。而中小企业能否获得外部投资来维持研发创新活动，主要取决于外部金融市场环境的变化。无论是哪一种情况，企业创新活动都将面临融资约束问题。此外，企业所有权与经营权是分离的，企业所有者为了降低经营者忽视股东利益最大化目标而利用职权为自己谋利的可能性，往往会选择减少经营者的可控现金流，这将进一步导致企业融资约束程度的加深，经营者不得不放弃具有投资价值的研发项目，降低企业创新效率。当企业无法通过自身获取创新资源时，由资源依赖理论可知，企业需要与外部市场进行资源交换，并在交换的过程中对外部环境产生依赖关系。但是外部资源的获得具有复杂性及不确定性，而企业创新活动中一旦出现资金链断裂的情况，企业将面临较高的沉没成本以及调整成本。因此企业的这种依赖会导致其在研发过程中产生不确定性的后果，影响企业创新资源的获得。

由以上分析可知，企业无法剥离市场环境而独立存在。因创新项目资金需求量大，企业必须与外部环境进行资源交换并产生对外部资源的依赖性。随着中国多层次、多元化的金融生态逐步建成与完善，企业普遍面临的融资难问题将得到有效解决，而中小企业凭借其对利润最大化的目标追求，商业决策转型较快，对资源的配置利用效率普遍高于国有企业。因此，中小企业更容易把握发展机遇，利用融资约束的改善进行研发创新活动来建立和巩固竞争优势。因此，企业只有解决创新活动面临的融资约束问题，顺利获取创新资源，才能开展具有投资价值的研发项目，提高企业创新效率。图 4.3 为数字普惠金融对中小企业创新的影响机理。

图 4.3　数字普惠金融对中小企业创新的影响机理

4.4　本章小结

随着数字经济的快速发展，金融科技与普惠金融深度融合，借助人工智能、大数据、云计算及区块链等数字技术不断拓展金融服务的广度与深度，推动数字普惠金融的发展，对金融领域的业务产生了重要的影响，可以缓解并破解中小企业在融资过程中遇到的困难。

数字普惠金融的产生与发展降低了中小企业融资门槛，减少了供求两端信息不对称、促进金融机构服务多元化和多样化发展。数字普惠金融的"普惠"特征，解决了中小企业融资门槛高、信息披露少、政策劣势等困境。数字金融普惠性条件逐渐成熟，有利的数字金融发展的社会条件，将提高数字金融服务覆盖的广度和服务深度，推动数字金融更好地服务越来越多的长尾客户，有助于提高数字金融的普惠性。就现实而言，数字经济已经融入我们日常生活，并且发挥着愈加重要的作用。数字普惠金融是数字经济在普惠金融方面的一个重要应用，正逐渐被社会所采纳。数字普惠金融对中小企业融资难题的破解不仅存在于其理论端，而且在实践端也有广泛的应用。数字普惠金融通过有效缓解中小企业的融资约束问题，更好地服务于具有差异化需求的中小企业，在促进中小企业外部融资和企业创新投入方面起到了重要的作用和积极影响。

5 数字普惠金融对四川省中小企业技术创新活动影响的实证分析

第 4 章在依据金融发展深化、信息不对称等理论的基础上，分析了数字普惠金融对中小企业创新的作用机理，为后续的实证研究设计提供了思路，并通过实证研究来进行论证。本章以四川省中小企业为研究对象，选取新三板样本企业的财务数据，测度数字普惠金融发展对提升四川省中小企业的技术创新投入水平的影响程度，将所得的四川省中小企业数据按产权属性和经济区域进行分类，分别进行回归分析，检验数字普惠金融对不同类型中小企业创新活动影响的差异性；多维度比较分析二者之间的内生关系，明确数字普惠金融的发展对四川省中小企业创新投资和创新水平的促进作用。

5.1 研究假设

5.1.1 数字普惠金融与中小企业创新

企业创新活动天生具备前期经费投入大、开发时间长、研发成果难以预测等特征，因此与确定性强的固定资产投资相比，研发投资活动存在更为突出的信息不对称问题。一方面，研发创新活动的首要投入要素即为企业技术研发人员所具备的人力资本，而其作为无形资产，我们往往较难对其内在价值进行客观的评估和准确的衡量，银行等金融机构也不接受将人力资本这一无形资产作为合格抵押品；另一方面，研发创新过程是企业运营和长远发展的商业机密，企业更倾向于将资金使用用途和技术研发进度进行保密，即使对外披露，其所涉及的细节也是少之又少，这就造成了外部投资者的监管成本高企，进一步加剧了本就存在的信息不对称，最终使企业向外部金融机构进行融资时受到更大的阻碍。我国的传统金融体系尚不完善，金融要素资源配置扭曲，不发达地区金融基础设施不完善、服务覆盖不足，企业面临较强的外源融资约束，从而抑制了企业的研发投入和创新产出，而这些现象在长期受到金融排斥的中小企业体现得较为明显。虽然在中小企业板和创业板上市能够为中小企业拓宽融资渠道，但因为中小企业在上市前面临缺乏资金、经营不规范、发展规模小等问题，或它们在上市期间面临经营风险较大、营收增长不稳定、信息不对称等问题，所以同样面临着较强的外源融资约束和较高的债务融资成本。目前业界和学术界普遍认为，融资约束的存在会显著削弱企业的创新创造能力，而完善的、多层次的金融系统将有助于缓解企业受到的融资约束，帮助企业脱离财务困境，从而有助于增强企业创新意愿。

相比传统普惠金融，"数字普惠金融"是基于"普惠金融"的进一步深入发展，能够有效解决传统金融难以克服的诸多难题。数字普惠金融的发展能够显著缓解中小上市公司的融资约束并降低融资成本，进而促进其研发创新。与传统金融相比，普惠金融的出现和数字技术的发展，将数量庞大、创新活跃、资金缺口大的中小企业作为重要的资金投向之一，能够通过降低中小企业创新资金获取门槛、增加创新融资渠道、提高信息搜寻和处理能力、有效解决金融机构与中小企业之间存在的信息不对称等方式来缓解中小企业创新融资约束，进而激励其开展研发创新活动。

基于以上分析，本书提出第一个假设。

假设1：数字普惠金融对中小企业创新具有显著的正向促进作用。

5.1.2　数字普惠金融、产权性质与中小企业创新

按产权性质分，中小企业可以分为两类，即国有企业和非国有中小企

业。首先，不同所有制中小企业融资约束程度不同。客观地说，相比国有企业，非国有企业在财务信息方面披露不透明、不彻底，会导致金融机构与企业之间产生严重的信息不对称问题。在中国现行社会体制下，非国有企业因其所有权属性以及与国有企业相比更高的信息不对称程度，受到传统金融机构的信贷歧视，普遍面临着"融资难、融资贵"等现实问题。在数字普惠金融发展的大背景下，金融机构可以通过云计算、大数据等新兴技术对企业的征信情况、财务情况、经营情况等进行综合分析，进而降低信息不对称，缓解非国有中小企业融资约束。其次，不同所有制中小企业对数字普惠金融的依赖程度不同。国有企业在现代化的经济体系中不仅担负着更多的社会责任，还要配合国家层面的宏观调控等政策，不论是从战略高度还是企业发展管理模式看，非国有企业与国有企业之间都存在着显著差异。国有企业除了保证自身的发展之外，往往还肩负着一定的改善民生、响应政策号召的社会责任和政治任务。最后，国有企业通常具有较大的规模和健全的内部控制制度，企业内部财务信息较为完善，因而在发展过程中更容易以低廉的融资成本获得来自国有银行和政府的财政资金支持。因此，即使国有企业存在流动性债务危机或者发生亏损等恶劣状况，政府也会出于稳定社会的考虑而进行多方面救助，即所谓的"政府兜底"。这就相当于政府在为国有企业提供信用担保，使国有企业更容易从传统渠道获得贷款。赵丽芳（2019）通过对中小上市企业进行实证研究政治关联对中小企业债务融资约束的影响，得出有政治关联的企业比其他企业获得债务融资的规模更大，获得债务融资的期限越长，国有企业在常规渠道融资上更加具有优势，非国有企业因其产权性质在资本市场上的外部监管信息成本更为高昂，面临比国有企业更大的信息不对称和更高的外部资金借贷成本，从而导致非国有企业很难通过常规渠道融资。随着中国金融市场环境的逐渐改善，多层次的资本市场逐步建立，企业所面临的融资渠道将更为多样，而这一系列变化将对不同产权性质企业的经营和融资决策产生不同的影响。国有企业因其本身就拥有较为充裕的内外部资金来源，其经营策略的调整幅度与非国有企业相比较小，而非国有企业则恰恰相反，外部金融环境的变化将极大地影响其经营战略，有助于其提高对外部资金的合理运用程度，优化外部融资资源的高效配置，进一步激发企业的创新研发活力和效率（沈红波 等，2010）。

综上所述，在当前特定的中国政治、经济和金融环境下，非国有企业受到的融资约束限制往往高于国有企业（余明桂 等，2019）。因此相比国有企业，非国有企业更倾向于寻求数字普惠金融来进行融资，从而对其创新融资约束产生更强的缓解作用。国有企业与非国有企业对数字普惠金融的适应程度不同。梁榜（2019）和喻平（2020）认为国有企业的体制比较僵化，缺乏弹性，较难适应从依靠政府关系的渠道融资转换为数字普惠金融渠道融资。同时，数字普惠金融的融资特点是简便快捷、金额较小，而国有企业一般融资需求较大，数字普惠金融更加适合非国有中小企业的融资需求。

基于以上分析，本书提出第二个假设。

假设2：数字普惠金融促进中小企业创新的作用对不同产权性质的企业存在异质性，对非国有企业的创新激励作用更为明显。

5.1.3 数字普惠金融、经济区域与中小企业创新

按照地区经济水平划分，中小企业可以分为经济发展较好地区的中小企业和经济发展较差地区的中小企业，本部分将分析数字普惠金融对位于不同经济水平地区中小企业融资约束缓解作用的程度。

相比经济发展较差地区，经济发展较好地区在发展和推进数字普惠金融上拥有更多优势：一是经济发展与金融发展是相辅相成的。四川省经济发展较好地区包括成都经济区，成都的金融市场更加发达，各类金融机构数量更多，资金更为充足，同时数字化程度较高，更方便中小企业进行融资；二是经济发展较好地区的金融制度体系更加健全，良好的制度环境为发展数字普惠金融奠定了基础，企业经营、信息披露等更加规范，完善的法律体系和监管体系为金融机构提供了安全保障。依据过往的文献研究，地区的制度环境差异在一定程度上决定了当地企业所受到的融资约束程度

（耿冬艳，2015）。在制度建设较为完善的地区，发达的金融市场环境将大大降低金融服务成本，同时丰富的金融资源也有助于数字金融的发展，对新兴数字技术的扶持力度也会更大，这些都有助于减少当地中小企业与银行之间的信息不对称问题，提高了其获得外部信贷支持的可能性。而制度环境较差的地区长期处于金融资源匮乏的状态，金融排斥现象明显，这一系列客观条件的差异必然会影响数字金融对不同经济水平地区的中小企业创新的激励作用。

基于以上分析，本书提出第三个假设。

假设3：数字普惠金融促进中小企业创新的作用对不同经济水平地区的企业存在异质性，对制度环境更好的地区而言，创新激励效果更为明显。

5.2　模型构建、变量选取及样本选择

5.2.1　模型构建

在计量经济学中，截面数据是指变量在某一固定时点下的一组数据，时间序列数据是指在不同时间下得到的数据，两者都是一维数据，而面板数据是结合了两者特点的二维数据，是截面上个体在不同时点下重复观测得到的数据。从横截面来看，面板数据是个体在某一时点下的截面观测值；从纵截面来看，面板数据是每个个体的时间序列数据。

用面板数据建立的模型被称为"面板数据模型"，其通常分为混合模型、固定效应模型和随机效应模型三类。面板数据模型的一般公式如下：

$$Y_{it} = \alpha_i + \beta X_{it} + \varepsilon_{it}, \ i = 1, \ 2, \ \cdots, \ N; \ t = 1, \ 2, \ \cdots, \ T$$

（公式5.1）

其中，Y_{it} 是被解释变量，α 表示截距项，β 是回归系数，X_{it} 是解释变量，ε_{it} 是随机干扰项，N 是截面个体数，T 是时间序列个数。

当 α 和 β 是固定的且不随个体和截面的变化而变化时，该模型即为混合模型；当 α 的变化与 X_{it} 有关时，该模型即为固定效应模型；当 α 的变化与 X_{it} 无关时，该模型即为随机效应模型。

本书参考国内外相关文献，并结合数据的可获得性，选取了数字金融总指数和三个不同维度指数（覆盖广度指数、使用深度指数和数字支持服务指数）作为解释变量，选取企业规模、资产负债率、企业现金流量作为控制变量来研究企业的创新能力和水平。构建的面板模型如下：

$$INNON = \alpha + \beta_1 DIFI + \beta_2 DUD + \beta_3 DSS + \beta_4 DCB + \beta_5 SIZE + \beta_6 LEV + \beta_7 CF + \varepsilon$$

（公式 5.2）

其中，α 为常数项，ε 为误差项，β_1，β_2，…，β_7 为回归系数。被解释变量 INNOV 为企业创新能力和水平，解释变量包括数字金融总指数（DIFI），数字金融覆盖广度指数（DUD）数字金融使用深度指数（DSS）、数字支持服务指数（DCB）；控制变量包括企业规模（SIZE）、资产负债率（LEV）、企业现金流量（CF）。

5.2.2　变量选择与说明

5.2.2.1　被解释变量

从现有的研究文献看，为了反映企业创新能力和创新水平，其衡量指标的选择主要有三种方式。首先，选择创新投入指标来衡量企业创新能力，理由是创新投入水平更能够充分体现中小企业参与创新活动的主观意愿，可以作为反映企业技术创新水平的替代变量；而企业的研发投入最能够衡量企业创新投入水平，相关指标主要包括研发支出总额、研发人员数量等。其次，选择创新产出指标衡量企业创新能力，理由是各创新产出指标在一定程度上能够代表企业的技术创新能力；而衡量创新产出的指标主要包括新产品价值和专利数量，多数学者选取专利数量代表企业的技术创新能力，认为专利数量最能代表企业真实的技术创新能力，更能衡量企业核心技术创新水平（余泳泽 等，2017；滕磊，2020，喻平，2020；谢雪燕 等，2021）。但学者们对专利数量指标的解释不同，有的学者认为应该用专利的申请数量来衡量创新能力，有的学者则选择了专利的授权数量来衡量创新能力。最后，有的学者认为单一从任何一个方面对企业创新能力进行衡量，都是不够客观和全面的，必须从企业创新投入与产出两个维度进行测度才更加准确（刘菲，2021）。也有学者认为，影响企业创新水平的因素是多方面的，企业创新水平不仅仅会受到企业内部创新投入要素的影响，还会受到许多外部环境因素的影响，比如政府政策、市场认可度、专利门槛等，而这些因素是不受企业控制的（聂秀华，2021）。参考以往研究，本书主要考察金融要素对中小企业创新水平的影响，选择创新投入作为中小企业创新水平的衡量指标，采用企业研发支出总额作为反映企业创新投入水平的替代变量。为了保持量纲一致，研发支出指标采用支出总额除以营业收入所得的百分比数值来表示。

5.2.2.2 解释变量

对于核心解释变量，本书选择由北京大学数字金融研究中心等联合编制的数字普惠金融指数指标。该指数由数字金融总指数（DIFI）和三个不同维度指数构成，三个维度指数分别是覆盖广度指数（DUD）、使用深度指数（DSS）和数字支持服务指数（DCB），它们能够综合、全面地反映数字技术对金融创新发展的总体影响和变化趋势，充分地反映中国数字普惠金融的发展水平，具有相当强的代表性和可靠性，目前被广泛应用于与数字金融相关的研究中。该套金融指数指标的数据期间为 2011—2020 年，本书选取 2013—2020 年四川省数字普惠金融指数作为数字普惠金融发展水平的代理变量。

5.2.2.3 控制变量

考虑到企业自身因素也会对中小企业创新能力产生影响，本书参考滕磊和徐露月（2020）的研究，选用以下变量进行控制（见表 5.1）。

（1）企业规模。

规模越大的企业往往具有更为雄厚的资金积累和声誉，为了实现公司的长远健康发展，公司有意愿投入更多的资源到创新活动等长期项目中，以维持企业的竞争优势（Jefferson et al.，2006）。也就是说，企业创新能力通常与企业的规模水平成正相关关系。通常情况下,企业规模与企业的资金实力成正比,企业的规模越大,资产总额越多,用于企业创新的资金投入能力也就越强。因此,在进行四川省中小企业创新水平的研究中,本书选择企业规模指标作为控制变量之一,并采用期末总资产作为企业规模的替代变量。因为该数值较大,为了计算方便,本书采用其自然对数的形式来表示。

(2)企业资产负债率。

资产负债率反映了公司的债务水平。企业的财务杠杆水平越低,就有更强的债务偿付能力,更有利于企业获得更多的资金作为研发经费,从而增强企业的创新研发能力。也就是说,企业创新能力通常与企业资产负债率是负相关关系。资产负债率越低的企业,创新投入能力更强,在市场竞争中更有优势。因此,本书将资产负债率作为另一个控制变量纳入研究中,用当年企业期末负债总额占期末总资产比值来表示。

(3)企业现金流量。

企业现金流状况越好,能用于研发投入的资金就越多,因此企业创新能力就越强。通常中小企业融资相对比较困难,会将经营活动所得的现金流更多地留存于企业内部,以支持企业未来的技术创新活动。所以本书将企业现金流量作为控制变量之一,采用当年的经营现金流占期初总资产的比值来表示。

表5.1 主要变量定义

变量类型	变量符号	变量名称	变量说明
被解释变量	INNOV	企业创新投入	(研发支出总额/营业收入)×100%
控制变量	SIZE	企业规模	ln(期末总资产)
	LEV	企业资产负债率	企业期末负债总额/期末总资产
	CF	企业现金流量	当年经营活动现金流量净额/年初总资产

表5.1(续)

变量类型	变量符号	变量名称	变量说明
解释变量	DIFI	数字普惠金融指数	北京大学数字普惠金融指数
	DSS	使用深度指数	
	DUD	覆盖广度指数	
	DCB	数字化支持服务指数	

5.2.3 样本与数据来源

本书采用北京大学数字普惠金融指数中的四川省数据。因为数字普惠金融指数的数据期间为2011—2020年，考虑到企业数据的时效性，本书最终选择了2013—2020年的四川省新三板挂牌的中小企业数据作为研究数据。本书通过国泰安数据库、wind数据库和东方财富choice金融终端对数据进行搜集、整理，剔除了已摘牌企业、数据异常企业、数据缺失企业和金融类企业的数据。为了消除极端值可能带来的影响，本书对原始样本的数据进行了2.5%的缩尾处理。经过上述步骤的处理，本书最终得到129家公司共计519个中小企业的非平衡面板数据作为观测值。

5.2.4 模型设定

本书首先选用固定效应模型进行回归分析。结果表明（见表5.2），数字普惠金融指数（DIFI）对创新投入（INNOV）的系数为0.030，说明数字普惠金融能正向影响中小企业的创新投入，且回归结果在1%水平上显著，这证明了数字普惠金融对四川省中小企业创新投入的促进作用非常显著。同样，本书选用随机效应模型进行回归分析。结果表明，数字普惠金融指数（DIFI）对创新投入（INNOV）的系数为0.029，且回归结果也在1%水平上显著，这同样证明了数字普惠金融对四川省中小企业创新投入的促进作用非常显著；而控制变量企业规模（SIZE）和现金流量（CF）对企业创新投入（INNOV）也均在1%水平上显著，模型整体是拟合的。接下来，本书进行豪斯曼（Hausman）检验，从而对模型的选择做出进一步的判断。Hausman 检验的结果显示，P 值等于 0.012 2，因此本书采用固定效应模型进行回归。

表 5.2　不同模型的回归结果比较

VARIABLES	（1）固定效应模型	（2）随机效应模型
	INNOV_ FE	INNOV_ RE
DIFI	0.030 *** （0.010）	0.029 *** （0.009）
SIZE	−3.354 *** （1.012）	−4.066 *** （0.506）
LEV	0.023 （0.029）	−0.011 （0.023）
CF	−0.120 *** （0.020）	−0.104 *** （0.019）
Constant	63.371 *** （17.342）	77.342 *** （8.898）
N	519	519
R^2	0.116	

注：括号内为稳健性标准误，***、**、*分别表示在 1%、5%、10% 的显著性水平显著相关，下同。

5.3　实证分析

5.3.1　变量的统计性描述

变量的统计性描述如表 5.3 所示。创新投入（INNOV）的均值为 9.805，中位数为 6.368，标准差为 10.11，并且最小值与最大值之间的差距大，这说明样本企业在创新投入方面存在较大水平的差距。数字普惠金融指数（DIFI）的均值为245.5，中位数为246.4，标准差为34.78，最小值为174.2，最大值为292.2，这说明四川省不同城市之间数字普惠金融发展水平的差距比较大。

表5.3 变量的统计性描述

变量	（1）样本数量（N）	（2）最小值（min）	（3）均值（mean）	（4）最大值（max）	（5）中位数（median）	（6）标准差（sd）
INNOV	519	0.433	9.805	45.91	6.368	10.11
SIZE	519	15.83	18.26	20.23	18.28	1.107
CF	519	-36.45	4.422	49.36	3.882	16.30
LEV	519	7.615	38.81	80.51	37.12	19.00
DIFI	519	174.2	245.5	292.2	246.4	34.78
DUD	519	159.4	239.6	292.8	233.3	36.78
DSS	519	149.7	238.6	282.1	247.5	41.11
DCB	519	175.4	271.2	310.0	271.1	37.68

5.3.2 基准回归结果

为了验证数字普惠金融对四川省中小企业创新水平的影响程度，本书依次将数字普惠金融总指数和各维度指数作为解释变量进行回归分析，表5.4的回归结果显示，数字普惠金融总指数（DIFI）、覆盖广度指数系数（DUD）、使用深度指数（DSS）、数字服务支持指数（DCB）都为正，且均在1%的水平上显著。可以看出，不同维度的数字普惠金融指数对四川省各种类型的中小企业技术创新都有正向激励作用，而且对于技术创新的影响水平都非常显著，这为数字普惠金融的发展能够显著提高四川省中小企业的创新投入水平提供了稳健的证据。

表 5.4　基准回归结果

变量	（1） INNOV	（2） INNOV	（3） INNOV	（4） INNOV
DIFI	0.030** (0.013)			
DUD		0.028** (0.013)		
DSS			0.025** (0.010)	
DCB				0.038*** (0.014)
SIZE	-3.354*** (1.191)	-3.182*** (1.172)	-3.474*** (1.173)	-3.606*** (1.154)
LEV	0.023 (0.051)	0.022 (0.051)	0.026 (0.052)	0.024 (0.052)
CF	-0.120*** (0.033)	-0.121*** (0.033)	-0.118*** (0.033)	-0.116*** (0.034)
Constant	63.371*** (19.001)	60.786*** (18.746)	66.709*** (19.146)	64.813*** (18.270)
N	519	519	519	519
R^2	0.116	0.112	0.120	0.127

5.3.3　异质性分析

研究样本虽然都是四川省的中小企业，但是各中小企业之间在产权属性和区域分布方面又存在明显差异。不同类型的中小企业在融资活动中可能面临着不同的制度影响，因此数字普惠金融对不同类型的中小企业的技术创新投入的影响可能也存在一定的区别。鉴于此，本书按照产权属性、企业所属地区进行分类研究，探究和判断数字普惠金融对四川省中小企业技术创新的促进作用是否存在异质性。

5.3.3.1　产权属性异质性分析

非国有中小企业的融资环境与国有中小企业有很大的不同，国有中小企业更容易得到国家财税政策的支持，传统的金融机构也更愿意为国有中小企业技术创新项目提供相对较高的融资份额。因此，相对来说，非国有中小企业面临更强的金融服务排斥，融资需求也更加迫切。正因为不同产权属性的中小企业的融资约束程度有所不同，数字普惠金融通过技术优势突破了中小企业的融资瓶颈后，必然导致对不同类型的中小企业创新驱动效应的差异。本书将 519 个样本数据按照产权属性特征分组。其中，国有中小企业占样本总量的 11%，非国有中小企业占样本总量的 89%。其回归分析结果见表 5.5 和表 5.6。

从表 5.5 和表 5.6 的回归结果看，在四川省非国有中小企业的回归模型中，金融总指数以及各维度指数指标的显著性均在 1% 的水平。结果表明，数字普惠金融对非国有中小企业的创新驱动效应非常显著，但是从国有企业的回归结果中可以直观看出，这一结论却并不适用。究其原因，数字普惠金融的出现，较好地弥补了传统金融对非国有中小企业的服务不足，提高了金融服务的广度和深度，很好地解决了非国有中小企业融资约束问题，为金融服务多元化发展做出了突出贡献。而国有企业受到管理体制等约束，其适应能力和转型速度慢于非国有企业。当融资环境发生变化和改善后，非国有企业的反应更快、更灵活，非国有企业更容易抓住机遇，利用数字金融的普惠性得到更多外部融资，有利于企业提高创新投入，从而加速自身发展。因此，数字普惠金融对四川省非国有中小企业的促进效果更显著。

表 5.5　非国有中小企业的回归结果

变量	INNOV（1）	INNOV（2）	INNOV（3）	INNOV（4）
DIFI	0.040 *** (0.014)			
DUD		0.039 *** (0.014)		
DSS			0.032 *** (0.011)	

表5.5(续)

变量	INNOV（1）	INNOV（2）	INNOV（3）	INNOV（4）
DCB				0.046*** （0.015）
SIZE	−3.987*** （1.170）	−3.822*** （1.153）	−4.026*** （1.154）	−4.065*** （1.147）
LEV	0.040 （0.051）	0.038 （0.050）	0.044 （0.051）	0.041 （0.051）
CF	−0.114*** （0.034）	−0.116*** （0.034）	−0.111*** （0.034）	−0.110*** （0.035）
Constant	71.684*** （18.610）	69.176*** （18.411）	74.320*** （18.768）	70.274*** （18.018）
N	462	462	462	462
R^2	0.132	0.128	0.136	0.142

表5.6 国有中小企业的回归结果

变量	INNOV（1）	INNOV（2）	INNOV（3）	INNOV（4）
DIFI	−0.048 （0.037）			
DUD		−0.056 （0.038）		
DSS			−0.028 （0.029）	
DCB				−0.029 （0.036）
SIZE	3.178 （4.709）	3.064 （4.403）	2.718 （5.166）	2.251 （5.525）
LEV	−0.214 （0.198）	−0.208 （0.192）	−0.228 （0.207）	−0.238 （0.209）
CF	−0.170 （0.114）	−0.168 （0.112）	−0.168 （0.119）	−0.168 （0.123）
Constant	−26.025 （80.571）	−22.426 （75.794）	−21.992 （89.319）	−11.629 （93.675）
N	57	57	57	57
R^2	0.267	0.277	0.249	0.239

5.3.3.2　地区异质性分析

从样本企业的地区分布来看，经济发展不平衡现象非常突出。在 519 个样本数据中，成都平原经济区的样本占样本总量的 93%，这与四川省区域经济发展水平有直接关系。在四川省的 5 个经济区中经济发展水平非常不均衡，尤其是提出成渝地区双城经济圈发展战略后，带动了"环成都经济圈"的发展，成都平原经济区不仅经济发展水平最高，发展速度也是最快的。从四川省中小企业库现有的数据来看，中小企业大多也聚集于成都平原经济区；而川南、川东北、攀西和川西北 4 个经济区域的中小企业的数量相对较少。因此，本书将这 4 个经济区统称为"非成都平原经济区"。近年来，非成都平原经济区的经济发展增速虽然较快，但该区域的中小企业无论在数量还是规模上与成都平原经济区仍然存在很大差距，上市的中小企业数量就相对更少，从筛选出的样本数据来看，只占样本总量的 7% 左右。因此，本书按照成都平原经济区和非成都平原经济区进行地区分组，分别进行回归分析，结果见表 5.7 和表 5.8。

从表 5.7 和表 5.8 的回归结果明显可以看出，数字普惠金融在推动不同经济区域中小企业创新发展水平上存在着显著差别。数字普惠金融总指数对四川省成都平原经济区中小企业创新影响程度在 5% 的水平上显著；数字化支持服务指数在 1% 的水平上显著，表明其创新驱动效应比较强。在四川省非成都平原经济区中小企业的回归模型中，数字普惠金融总指数和使用深度指数对中小企业创新投入的影响水平仅在 10% 的水平上显著，而数字支持服务指数的影响水平则不显著，只有覆盖广度指数在 1% 的水平上显著。这说明数字普惠金融对中小企业技术创新的激励作用受到所在区域经济发展水平的影响，与经济发展水平较低的非成都平原经济区的中小企业相比，对处于经济比较发达的成都平原经济区的中小企业来说，所起的激励作用更加明显。究其原因，不同区域的经济发展水平以及资源要素禀赋不同，导致非成都平原经济区的数字化基础设施建设不足，数字金融发展水平相对比较滞后。

表 5.7 成都平原经济区中小企业的回归结果

变量	(1) INNOV	(2) INNOV	(3) INNOV	(4) INNOV
DIFI	0.030** (0.014)			
DUD		0.029** (0.014)		
DSS			0.026** (0.011)	
DCB				0.040*** (0.015)
SIZE	−3.555*** (1.286)	−3.381*** (1.265)	−3.673*** (1.270)	−3.856*** (1.250)
LEV	0.025 (0.055)	0.024 (0.055)	0.027 (0.056)	0.025 (0.056)
CF	−0.124*** (0.035)	−0.126*** (0.035)	−0.122*** (0.035)	−0.121*** (0.035)
Constant	67.071*** (20.510)	64.383*** (20.212)	70.428*** (20.720)	69.060*** (19.750)
N	483	483	483	483
R^2	0.118	0.115	0.122	0.130

表 5.8 非成都平原经济区中小企业的回归结果

变量	(1) INNOV	(2) INNOV	(3) INNOV	(4) INNOV
DIFI	0.034* (0.015)			
DUD		0.031** (0.013)		
DSS			0.025* (0.013)	
DCB				0.024 (0.013)

表5.8(续)

变量	(1) INNOV	(2) INNOV	(3) INNOV	(4) INNOV
SIZE	-1.110 (0.671)	-1.034 (0.654)	-1.044 (0.734)	-0.802 (0.811)
LEV	-0.004 (0.019)	-0.008 (0.020)	-0.002 (0.013)	-0.011 (0.016)
CF	-0.031 (0.023)	-0.027 (0.024)	-0.039* (0.020)	-0.031 (0.021)
Constant	18.622 (10.516)	18.615 (11.010)	19.361 (11.888)	15.155 (13.464)
N	36	36	36	36
R^2	0.387	0.368	0.357	0.281

5.4 实证结果分析

本书通过运用2013—2020年数字普惠金融指数和四川省519个中小企业面板数据进行实证分析，对数字普惠金融与四川省中小企业创新水平之间的稳健关系进行了全面考察。本章的研究结论如下。

第一，我国中小企业普遍存在显著的创新融资约束。数字普惠金融的出现和发展，使得数字普惠金融的覆盖广度、使用深度、数字化程度不断提升，为金融服务多元化发展做出了突出贡献。数字普惠金融较好地弥补了传统金融在金融服务中的不足，很好地解决了中小企业创新融资约束问题，使其得到更多外部融资机会，有利于企业提高创新投入，从而加速自身发展。因此，数字普惠金融对中小企业创新具有显著的驱动作用，而且中小企业的规模越大，企业的现金流量越大，产生的创新驱动效应将越大、越显著。

第二，数字普惠金融对四川省中小企业创新投入的促进作用在产权特征、地区分布上存在显著差异，对非国有中小企业、经济发达地区中小企业的创新活动产生的"激励效应"更加显著。究其原因，不同产权特征的企业在管理体制等方面存在差异，导致在对融资环境的变化时表现出来的灵活性和适应性不同；不同区域的经济发展水平以及资源要素禀赋不同，导致数字化基础设施建设水平不同。数字金融发展水平不同，对中小企业创新驱动作用的显著程度自然不同。

第三，国有中小企业和非国有中小企业均存在融资约束，非国有中小企业的创新融资难度更大，数字普惠金融对非国有中小企业创新融资约束的缓解作用更强。这主要是因为国有中小企业由于政治背景等因素在常规渠道融资能力要比非国有企业强，但有中小企业的管理缺乏弹性导致没有快速转向数字普惠金融进行融资，导致数字普惠金融更能显著提升非国有中小企业技术创新投入水平。

第四，经济较发达地区中小企业和经济不发达地区中小企业均存在创新融资约束，但对于经济较发达地区中小企业创新驱动效果，数字普惠金融的驱动作用更强。这主要是因为经济较发达地区的金融制度体系更健全，金融机构更多，数字化程度更深，在制度和设施方面更加先进，从而有助于推动数字普惠金融的进一步深度发展，使中小企业在技术创新发展中获得信贷融资的效率更高。

5.5　本章小结

随着信息技术的快速发展，金融科技水平不断提高，数字金融作为新的金融业态，已经成为普惠金融发展的一种新模式。数字普惠金融的兴起，有利于推进金融的普惠性，也为中小企业创新活动融资约束的改善提供了新的思路。本章选择2013—2020年四川省新三板挂牌的中小企业数据，探索和验证数字普惠金融对四川省中小企业创新水平的影响。回归分析的结果表明，数字普惠金融的发展对提高四川省中小企业技术创新投入水平具有显著的积极影响，并且在产权特征、地区分布不同的中小企业间的影响存在显著差异，对经济越发达地区的中小企业以及非国有的中小企业的影响越显著。本书的研究结论，可为政府发展数字普惠金融，促进中小企业创新发展提供有益的参考。

6 数字普惠金融促进四川省中小企业创新的实现路径

6.1 数字普惠金融促进中小企业创新的总体设想

数字金融作为一种新的金融服务创新模式，其发展对实体经济及中小企业创新的推动作用值得肯定。随着新旧模式的融合与切换，传统金融体系在服务中小企业创新方面的不足与矛盾愈发凸显，金融要素对中小企业的创新驱动显得空前重要。在此背景下，推进政府、传统金融机构、金融科技公司、金融监管机构等创造性合作，共同建立和完善"信用、信息、信贷"平台，加速数字技术与金融的产业融合，补全传统金融服务短板，建设更全面、更多元、更包容的金融服务生态势在必行。

政府应出台更多政策促进数字普惠金融的发展，积极推进新一代数字基础设施建设，实现金融服务的提质增效，更好地支持中国实体经济和中小企业创新发展。金融机构应顺应数字技术发展的趋势，实行数字化转型，且在利用数字技术促进普惠金融发展过程中，应该注重其数字金融业务的深化和数字技术的支持程度的提高。金融监管部门应该加深对金融科技的认识，建立与数字普惠金融发展相适应的监管体系，防范系统性风险，维护金融市场稳定，使数字普惠金融更好地支持实体经济和中小企业创新。

6.2 数字普惠金融促进中小企业创新的具体措施

数字普惠金融能够缓解中小企业创新融资约束，对中小企业创新活动具有显著的驱动作用，为经济发展新常态背景下中小企业的融资和技术创新提供了重要的理论支撑和实践指导。为了推进数字普惠金融的全面均衡发展，纾解不同地域、不同性质中小企业的创新融资困局，提升中小企业创新投入水平，提高其创新发展能力，笔者根据理论阐述、现状分析和实证结果，提出以下建议。

6.2.1 发挥政府在制度建设上的主导作用

（1）进一步完善政府政策法规建设。

上述实证结果证明，地方政府应加快完善经济制度建设和改善金融环境。制度环境不仅可以促进数字普惠金融的发展和激励企业不断创新，而且能为数字普惠金融通过缓解企业融资约束进而激励企业创新提供制度保障。政府应完善科技金融规章制度，促成科技创新与金融发展的良性融合。我国可以借鉴其他国家的经验，进一步完善相关政策，使科技创新与金融发展达到高度协同状态。此外，政府应有针对性地制定与推出鼓励创新的政策，加强对知识产权的保护，为中小企业的创新成果提供法律制度保障，培育科技型企业在这方面的自我保护意识，规范知识产权交易市场，培养相关专业型人才，鼓励知识产权中介服务机构的发展，促进企业的公平竞争，激励企业持续创新发展，提高中小企业创新积极性。

（2）进一步完善政府财税制度建设。

政府可以按企业研发投入的一定比例来减免企业所得税；对于具有核心技术的科技型企业或者科技型产业龙头企业，可综合运用融资担保、贷款贴息、创新补贴等多种方式，引导金融资产参与科技计划；调整金融机构的税收优惠政策，鼓励和引导银行业金融机构加大科技信贷投入，并延长投资周期，对投资时间较短的机构征收较高所得税；鼓励建立风险投资机构，帮扶初创期的科技型中小企业快速成长，缩小地区间的差距；加大资金奖励力度，根据科技创新成果的多少，对科技型企业颁发不同等级的奖金以资鼓励；积极推进科技金融奖补，加大对四川省高新技术中小企业债权融资补助的力度，为真正有创新发展潜力的中小企业提供支持，缓解中小企业技术创新融资压力，培育和壮大高新技术中小企业群体。

（3）进一步完善市场保障制度建设。

信用是企业的无形资源，信用评级高、信用记录良好的企业更容易与其他企业建立合作关系。政府可以采用风险内部评估与第三方评估相结合的方式，完善科技型企业信用评估体系，科学、准确地评估企业的信用风险，为科技金融主体提供有效的决策依据；不断完善市场经济体制，特别是要提高金融市场化程度；不仅要鼓励传统金融机构的发展，还要鼓励和扶持如担保公司以及金融租赁公司等非银行金融中介机构的发展，为数字技术在融资契约达成和其他金融服务过程中的应用创造条件；健全科技型企业信用担保体系，结合政府、金融机构和企业的力量，创新担保方式，建立健全风险共担机制；完善信用产品服务，如贷款保险、科技保险、信用保险等保险产品服务。

6.2.2 发挥市场在资源配置上的决定性作用

（1）扩大科技金融资源，完善科技金融体系。

发挥中小企业发展专项资金的引导作用，对潜在投资者给予适当的市场引导，缓解企业在生产研发过程中的融资困境，通过政策沟通和资金融通等方式切实促进中小企业创新融资能力的提升。建设创新示范区，以吸引和鼓励国内外有实力的科技银行、科技资本市场、科技保险等科技金融机构在经济发展较落后的地区设立分支机构，为示范区内的科技型企业提供更丰富的资源、更充足的资金；加强科技金融机构的建设，促进科技金融机构与科技型企业的信息交流与合作，一来为科技型企业提供足够的研发资金，二来为金融机构提供所需的技术，促进技术、资金的有效合理配置，使科学技术与金融资金更好地融合在一起，推动金融机构和企业走向集团化；加强人才队伍建设，完善人才培养方案，注重科技金融复合型人才、创新型人才的培养，为金融机构输入源源不断的优质专业人才。

（2）完善信贷机构体制，加大对科技型企业的支持力度。

鼓励商业银行设立专门的科技金融机构，开发适合科技型企业发展特点的科技信贷产品、创新业务模式等；促进高新区与商业银行达成合作，引导金融机构消除对创新主体的融资歧视，为不同所有制企业提供创新保障服务。特别是对非国有中小企业企业而言，应积极构建多元化的数字金融产品体系，除满足中小企业多样化的金融需求外，还应与数字金融企业及商业银行合作，积极探索新融资模式，纠正传统金融部门在支持企业成长过程中表现出的"锚定效应"，既为不同类型和处于不同生命周期的科技型企业提供全方位的资金支持，也推动商业银行的信贷融资；推动金融机构之间的合作，为不同阶段的科技型企业提供多样性金融产品和综合性金融服务；通过不同的金融工具和产品组合来分散信贷机构的投资风险，提高商业银行投资的积极性。

（3）完善多层级的资本市场体系，拓宽中小企业创新融资渠道。

处于不同生命周期的企业的发展特点及面临的问题都有所差异，各阶段的融资方式也不同。因此，需要培育和发展包括主板、中小板、新三板、债券市场、保险市场、创投基金、风险投资等在内的多层级资本市场体系，满足不同科技型企业的需求。

鼓励科技型企业在主板市场上市。绝大多数上市公司都集中在发达地区，这不利于区域间均衡发展，因此，应降低主板市场对种子期企业的进入限制，鼓励非上市科技型企业挂牌上市，同时向科技型企业介绍国家关于企业上市的政策制度以及专项资金，做好科技型企业上市前的教育工作。

完善中小板、创业板市场的发展。科技型企业大多数是中小型企业，而主板市场的上市要求较高，因此，需要不断完善中小板、创业板市场的发展，让更多科技型中小企业可以通过发行股票进行直接融资，以确保企业开展创新活动，促进企业健康成长。

加快债券市场的发展。债券是科技型中小企业融资的重要渠道之一，发行债券的融资成本较低、发行更灵活。创新债券融资工具和融资模式，引导社会剩余资金的流动，吸引更多科技型企业使用债券融资。同时，政府还需要为企业发行债券打造良好的市场环境，如放松债券融资要求、健全债券评级制度等。

推动保险市场的发展。保险市场具有融资功能，可以让保险资金与科技型企业的科技项目相结合，促进科技与金融的协调发展。另外，保险市场具有风险保障功能，能为科技型企业提供保险产品及相关配套服务，从而进一步推动科技创新与金融发展的融合。

健全创投基金市场的发展。政府在扶持科技型企业发展的过程中，应加快壮大科技产业种子基金，以高新技术产业孵化器为依托，引导创投基金，鼓励创业投资机构对初创期的科技型企业进行投资，如新能源、新材料、生物医药等国家重点发展领域。

完善风险投资市场体系。我国风险投资起步较晚，风险投资机制还不够完善，但是，风险投资就是针对高风险、高收益的科技项目投资而发展起来的，因此，应大力发展风险投资，采取补贴、免税和风险补偿等措施鼓励风险投资公司发展壮大，降低资本收益税率，扩大风险资本的规模，促进风险资本来源的多元化，规范风险投资行为，丰富退出渠道。

6.2.3 打造科技金融综合性服务平台

（1）搭建科技金融信息服务平台。

政府应积极推进新型基础设施建设，加大对互联网宽带基础设施的投资和建设力度，积极引导运用产学研相结合的方式进一步夯实"大、智、移、云"在数字金融领域应用的技术基础，创立大数据和云计算中心为数字普惠金融发展提供技术支撑。

金融机构应加大利用数字技术拓宽传统金融服务应用场景的力度，利用大数据、区块链及云计算技术建立一个便捷、共享、高效的数字化信息平台；政府应依靠税务、法院、科技等诸多部门的力量，汇集科技要素和金融要素，进一步完善科技型企业信息资源数据库，共同搭建科技金融信息服务平台。这既有利于企业间信息交流与合作共赢，也为各类金融机构及社会公众提供信息查询服务，有效解决了科技型企业与金融机构信息不对称的问题。政府应与数字金融企业及金融机构联合设立数字金融试点项目，打造与区域经济发展特点相适应的数字金融生态系统，提高其覆盖率，为日后数字金融的长远发展打下基础。

（2）进一步完善过程监管制度建设。

为了更有效地发挥资金的使用效果，政府和科技金融机构需要对资金进行事前、事中和事后监管。在事前监管过程中，应强化信息披露，建立科学的事前评价机制，运用科学的方法对资金支持的方向和领域进行评估，提高科技创新项目筛选能力，保证投资决策的科学性。在事中监管过程中，应建立过程纠偏机制，加强公司的诚信监管。有些企业没有正确利用政府财政拨款或科技贷款，利用科研经费或科技贷款做其他与科研活动无关的事情时有发生。对于这些情况，政府应严加把控，一旦发现此类现象，及时收回经费并略施惩戒。在事后监管过程中，应建立事后效益评估机制，对资金的使用情况进行科学评估，奖励效益高的企业，提高企业信用等级。

（3）制定差异化数字金融服务策略。

企业性质不同会导致企业融资约束不同，数字普惠金融发展对企业创新投入力度的驱动也存在差异。政府应深挖中小企业融资需求，创新金融设计，改变传统金融机构的融资模式和信贷模式，发展线上金融业务模式，丰富数字化产品供给，积极延伸服务触角，构建全方位的数字化金融生态服务，提升资金的可获得性和运转效率，为不同经营特征、不同产权特征、不同发展阶段、不同信用基础的中小企业提供因企制宜金融信贷产品，尤其是提高数字普惠金融对欠发达地区中小企业的金融服务能力，为金融资源的合理配置提供制度保障，不断扩展数字普惠金融对四川省中小企业的服务广度、深度和服务的质量。

一方面，数字普惠金融发展应着重解决高科技中小企业等高融资约束、创新型企业的融资问题。例如金融机构可以通过构建多维度数字化信用评价体系全面审核中小企业借贷资质，还可以构建精准模型对中小企业创新项目进行价值预估，并可以利用区块链技术实现对信贷资金流向的实时追踪监测，以确保贷款资金的专款专用，降低金融机构资金坏账的风险，提高中小企业融资可得性，增强数字普惠金融对中小企业的创新融资支持力度，消除行业歧视，为中小企业营造公平的融资环境，激发企业创新动力，释放高科技中小企业的创新活力，提高中小企业创新能力和创新水平。另一方面，高科技中小企业需要提高创新意识。政府可以推出优惠型创新支持贷款金融产品或者加大研发投入专项扣除力度，鼓励中小企业积极主动地进行创新，充分提高非高科技中小企业的创新积极性。

6.2.4 建立和完善数字金融监管体系

（1）制定和完善相关监管制度。

良好的制度环境是数字金融发挥创新激励效应的保障。数字金融作为一种全新的金融模式，缺乏相应制度法律的监管不仅可能引发系统性金融风险，而且也不利于企业创新成果的保护，不仅为金融市场和参与者带来极大的风险，扰乱市场秩序，也制约了数字金融的长久发展。因此，相关部门也要借鉴世界各国对数字金融进行监管的优秀经验，整合各方力量，对现有金融监管框架进行改革，并考虑在内部建立综合型的数字金融监管部门，防范资金和客户信息风险，对服务使用者的支付行为加强监督，防范信用风险。同时，相关部应推动数字金融规范、有序、可持续发展。这对于维护金融市场稳定，保护各主体利益不受侵犯，实现金融更好服务实体经济具有极其重要的意义。

（2）建立科学的审慎监管机制。

数字金融的核心优势在于实现了科技与金融的结合，在金融服务领域充分利用新兴技术，创新金融服务方式，提升金融服务水平。但与此同时，数字金融也带来了一些风险。仅仅依靠完善现有监管体系无法从根本上完全消除数字金融的固有风险。提高数字金融技术标准有利于在技术层面建立更加安全、完善的金融服务机制。政府应加强信息共享和技术管理，有效拓展审慎监管；鼓励和扶持有助于数字普惠金融发展的创新活动；对于打着"创新"旗号而从事危及金融安全的活动要严加管制；对互联网借贷和网络众筹行业乱象加大整顿力度，利用技术手段监控金融市场风险，保护企业在创新项目融资过程中的合法权益，从而在一定程度上防范金融风险。

6.2.5 中小企业的自我完善

在数字技术迅速发展的大环境下，中小企业也应提高对数字普惠金融的适应能力，以数字普惠金融助力自身发展。

（1）提高中小企业信息化水平。

中小企业财务管理制度和信息披露制度不健全是导致中小企业产生融资约束的主要原因，所以中小企业应该加快建设企业经营和财务管理制度。中小企业应加强信息披露，不仅要披露财务相关信息，还应该合理披露相关研发项目信息。中小企业应提高专业化财务管理软件应用水平，并积极尝试与第三方互联网财税公司展开合作，优化财务结构，提高财务管理体系规范性和信息化水平。

（2）建立完善的信息管理内控制度。

在日常运营的管理过程中，中小企业应使用市场普遍认可的信息管理系统或尝试利用信息服务供应商工作，建立信息管理数据库，广泛记录产品研发、生产管理、营销活动、客户交易、人力资源管理、供应链管理等方面数据内容；重视非结构化信息的记录和保存，降低非授权人员篡改和舞弊现象发生的可能性，提高信息记录的及时性和完整性。

（3）搭建数字化供应链生态系统。

有效实现上下游中小企业商流、物流、资金流、信息流整合协调。一方面，有效传递供应链企业间信息和资源，将企业赊销、拆借规模、偿还情况在共享信息平台上集中体现，有助于识别供应链中企业资金利用效率，并确保各企业对潜在风险做出及时反应；另一方面，企业如果依托供应链进行对外融资，则必须将融资形式、融资规模向其他企业进行通报，提高信息透明性、及时性、准确性。

（4）增强企业对数字普惠金融的理性选择。

研发创新作为中小企业实现可持续发展和价值提升的重要活动，应该获得更多的资金支持。中小企业选择融资平台时，应结合项目投资周期，综合考虑平台融资效率、融资成本、运营能力、经营规范性，切勿盲目借贷；应充分考虑融资平台资金实力，以及获得持续资金支持的可能性，防止数字金融平台经营、资金流出现问题而引发企业财务风险；在科技金融高度发达的地区，科技金融产品和服务都比较完善，保障机制健全，科技型企业可以拓宽融资渠道，尝试多种金融产品组合；而在科技金融发展水平相对较低的地区，政府资源投入不足，科技型企业不要过多依赖于政府的帮扶，而是要找准定位，明确自身的条件及外部环境，寻找正确的科技金融投入渠道，提高企业自主创新能力，培育企业核心技术，提高市场占有率，增加企业利润。这不仅为研发活动提供内部资金支持，还能吸引更多的外部资金，使企业创新进入良性循环过程。中小企业借助于数字普惠金融渠道获得融资后，应将资金投入到最有效率的项目中去。所以中小企业应合理配置数字普惠金融的资金，使数字普惠金融发挥对中小企业发展的支持作用。

6.3 本章小结

数字普惠金融的发展为推动中小企业的融资和技术创新起到了显著的促进作用。为了推进数字普惠金融的全面、均衡、可持续发展，纾解不同地域、不同性质中小企业的创新融资困局，政府需要出台相应的政策及采取具体的措施，才能更好地提升中小企业创新投入水平，促进其创新发展能力。首先，政府应该充分发挥在制度建设上的主导作用。政府应该进一步完善政府政策法规建设、财税制度建设、市场保障制度建设，为数字普惠金融激励中小企业创新提供制度保障。其次，政府应该发挥市场在资源配置上的决定性作用。政府应该扩大科技金融资源，完善科技金融体系；完善信贷机构体制，加大对科技型企业的支持力度；完善多层级的资本市场体系，拓宽中小企业创新融资的渠道；通过政策沟通和资金融通等方式加强市场引导，切实提升中小企业创新融资能力。再次，政府、传统金融机构、金融科技公司、金融监管机构等应该进行创造性合作，加速数字技术与金融的产业融合，搭建科技金融信息服务平台，完善过程监管制度建设，制定差异化数字金融服务策略。最后，中小企业也应提高信息化水平、建立完善的信息管理制度、搭建数字化供应链生态系统、合理配置数字普惠金融的资金，提高对数字普惠金融的适应能力。

7 研究结论与不足

7.1 研究结论

现代信息技术的发展，使得金融领域的数字化程度也越来越高，也推动了金融业态的创新。一方面，数字普惠金融的出现，使得金融机构在信息搜集和处理方面的能力得到了显著提高，缓解了中小企业创新的融资困境，拓宽了金融机构为中小企业提供金融服务的广度；另一方面，数字普惠金融的发展，降低了中小企业金融服务成本，提升了金融机构为中小企业提供金融服务的深度，提高了中小企业的创新发展水平。在此背景下，本书在中小企业融资理论、中小企业创新理论、数字普惠金融发展理论的基础上，借鉴国内外研究成果，研究数字普惠金融对中小企业创新活动的影响。本书得到了如下结论。

（1）数字普惠金融在我国经历了"传统互联网金融模式"阶段、"互联网直接融资模式"的发展阶段。在数字技术的推动下，目前数字普惠金融正处于"金融科技"阶段，针对不同用户和不同应用场景，已探索出包括网络支付、网络借贷、网络众筹、数字化理财、互联网保险等的服务模式。从我国数字普惠金融总体发展水平来看，数字普惠金融指数均值由2011年的40.0上升至2020年的344.45，年均增长33.83%，并且呈现出逐年增长的趋势，这说明我国数字普惠金融取得了快速发展。从其分指数的走势来看，覆盖广度和数字化程度逐步提高，也带动了数字普惠金融使用深度的增长。四川省数字普惠金融指数从整体来看也呈现出明显上升的趋势，与全国数字普惠金融指数平均增长水平基本持平，但是各地级市（州）数字普惠金融发展不均衡，成都市的数字普惠金融总指数最高，最低的是凉山州。经济落后地区的数字普惠金融指数普遍较低，增长速度较快，地区间的发展差异也在逐年缩小，但与发达地区相比仍存在明显的差距。

（2）在国家战略部署的推动下，国民经济发展对创新驱动的需求更加迫切，四川省研发经费支出也在不断增加，各城市（州）R&D经费支出呈持续增长状态；但是城市间的创新投入发展水平非常不均衡，排在前三位的分别是成都市、绵阳市和德阳市；成都市2019年的R&D经费支出为4 525 439万元，而甘孜州2019年的R&D支出为4 224万元。分地区来看，成都经济区在R&D经费支出方面明显高于其他非成都经济区，尤其是川西北生态经济区的创新投入状况还处于非常低的水平。各经济区的创新投入水平差异大。从四川省R&D经费支出的来源情况，主要来源为政府资金和企业资金，在R&D经费支出中约占95%左右。政府资金和企业资金的投入总额逐年增加，但是，政府资金占R&D经费支出的比例在下降，企业资金占比已经达到50%以上，这说明四川省企业在开展研发创新活动时越来越多地依靠自有资金。而对于中小企业来说，企业内部现金流支持有限，一般企业难以满足创新投入，因此企业主要依赖向银行等外部金融机构借款等间接融资方式筹集研发资金。但是作为创新主体的中小企业，却在银行机构等提供的传统融资模式中受到信贷歧视。因此，发展数字金融、创新融资模式对于缓解企业创新融资压力、促进企业研发投入有着积极的作用。

（3）随着数字技术与金融的深入融合，有利的数字金融发展条件提高了数字金融服务覆盖的广度和服务深度，数字金融普惠性条件逐渐成熟，数字普惠金融模式发展迈入快车道，为解决中小企业的融资困难问题提供了新的思路和解决方案。数字金融弥补了传统金融的不足，通过降低中小企业融资门槛、减少供求两端信息不对称、促进金融机构服务的多元化和多样化等方面，降低了金融服务的门槛、提高服务的深度和广度，减轻了中小企业面临的诸多限制条件，解决了中小企业融资门槛高、信息披露少、政策劣势等困境。在此过程中，民营企业更容易把握发展机遇，利用融资约束的改善进行研发创新活动来建立和巩固竞争优势。因此，数字普惠金融通过有效缓解中小企业的融资约束问题，更好地服务于具有差异化需求的中小企业，在促进中小企业外部融资和企业创新投入方面起到了重要的作用和积极影响。

（4）传统金融体系不够完善，金融要素资源配置扭曲，不发达地区的金融基础设施不完善、服务覆盖不足，企业遭受较强的外源融资约束，从而抑制了企业的研发投入和创新产出。本书在理论分析的基础上，得出数字普惠金融利用大数据、云计算等技术，可以拓宽中小企业融资渠道、降低交易成本，从而缓解中小企业融资约束，进而激励其开展研发创新活动。同时，本书将中小企业按产权性质、地区经济水平分组，对不同性质中小企业创新活动影响进行实证分析，观察数字普惠金融对中小企业创新驱动作用的显著性与强弱程度。

（5）本书运用2013—2020年数字普惠金融指数和四川省519个中小企业的面板数据进行实证分析，对数字普惠金融与四川省中小企业创新水平之间的稳健关系进行了全面考察。通过研究发现，数字普惠金融的发展对提升四川省中小企业的技术创新投入水平具有显著的促进作用。而且，中小企业的规模越大，企业的现金流量越大，产生的创新驱动效应将越大，越显著。进一步研究发现，数字普惠金融对四川省中小企业创新投入的促进作用在产权特征、地区分布上存在显著差异，对非国有中小企业、经济发达地区中小企业的创新活动产生的"激励效应"更加显著。究其原因，一方面，数字普惠金融的出现，提高了金融服务的广度和深度，较好地弥补了传统金融在金融服务中不足，很好地解决了中小企业创新融资约束问题，为金融服务多元化发展做出了突出贡献。当融资环境发生变化和改善后，非国有企业的反应更快更灵活，非国有企业更容易抓住机遇，充分利用数字金融的普惠性，提升企业创新投入水平。而国有企业受到管理体制等约束，其适应能力和转型速度慢于非国有企业。另一方面，不同区域的经济发展水平以及资源要素禀赋不同，成都平原经济区经济发展水平最高，发展速度最快，数字普惠金融总指数平均值最高。而非成都平原经济区的经济发展水平较低，导致数字化基础设施建设不足，数字金融发展水平相对比较滞后。

（6）数字普惠金融对实体经济及中小企业创新的推动作用值得肯定，其健康、可持续的发展离不开完善的经济制度建设和良好的金融环境。在此背景下，推进政府、传统金融机构、金融科技公司、金融监管机构等创造性合作，加速数字技术与金融的产业融合，建设更全面、更多元、更包容的金融服务生态势在必行。具体措施包括：发挥政府在制度建设上的主导作用，加大投入力度和政策引导，持续推进数字普惠金融的发展；加强顶层设计，注重数字金融服务发展的均衡性；金融机构应加大利用数字技术拓宽传统金融服务应用场景的力度，深挖中小企业融资需求，创新金融设计，注重企业创新异质性，精准施策；建立数字普惠金融的风险防控机制，实施科学的审慎监管机制；中小企业应合理配置数字普惠金融的资金，使数字普惠金融发挥对中小企业发展的支持作用。

7.2   研究不足

（1）样本的全面性受到限制。本书的研究对象为四川省中小企业，但本书仅仅获取了已上市的中小企业的公开数据，但更多的中小企业，特别是民营中小企业并没有上市，因此无法获取其相关财务数据和研发数据，这导致样本不够全面，其研究结果的代表性不够强。

（2）本书目前只对数字普惠金融与中小企业创新的关系、数字普惠金融对中小企业创新驱动的总体效应、创新驱动异质性进行了验证，只从理论上阐述了数字普惠金融对中小企业技术创新的作用机理，尚未进行实证检验。而作用机制的验证是实务界和学术界更为关注的问题。

（3）本书忽略了数字金融的时间滞后性。一般而言，一些政策或资金的投入是无法在短时间内产生效果的，数字普惠金融对中小企业创新投入的影响会存在的一定时间差。因此，在今后的研究中，获取更多未上市的中小企业数据进行研究，实证检验数字普惠金融对中小企业技术创新的作用机制，深入研究数字金融的时间滞后性对中小企业企业创新的影响，将是我们今后努力的方向。

参考文献

[1] 黄益平, 黄卓. 中国的数字金融发展: 现在与未来 [J]. 经济学, 2018, 17 (4): 1490-1501.

[2] 郭峰, 王靖一, 王芳, 等. 测度中国数字普惠金融发展: 指数编制与空间特征 [J]. 经济学, 2020, 19 (4): 1401-1417.

[3] 雷汉云, 谭卓敏. 金融科技与小微企业创新 [J]. 兰州财经大学学报, 2020, 36 (6): 13-26.

[4] 张玉明, 迟冬梅. 互联网金融、企业家异质性与小微企业创新 [J]. 外国经济与管理, 2018, 40 (9): 42-54.

[5] 聂秀华. 数字金融促进中小企业技术创新的路径与异质性研究 [J]. 西部论坛, 2020, 30 (4): 37-48.

[6] 陈银飞, 苗丽. 数字金融、政府补助与企业创新 [J]. 武汉金融, 2021 (2): 60-69.

[7] 张志元, 马永凡, 张梁. 供给侧改革视角的政府补助与企业创新 [J]. 科研管理, 2020, 41 (8): 85-94.

[8] 唐松, 伍旭川, 祝佳. 数字金融与企业技术创新: 结构特征、机制识别与金融监管下的效应差异 [J]. 管理世界, 2020 (5): 52-66.

[9] 黄锐, 赖晓冰, 赵丹妮, 等. 数字金融能否缓解企业融资困境: 效用识别、特征机制与监管评估 [J]. 中国经济问题, 2021 (1): 52-66.

[10] 郎香香, 张朦朦, 王佳宁. 数字普惠金融、融资约束与中小企业创新: 基于新三板企业数据的研究 [J]. 2021 (11): 13-25.

[11] 滕磊. 数字普惠金融视角下中小企业融资约束问题研究 [D].
成都: 四川大学, 2021: 31-32.

[12] 王娇娇. 融资约束、政府补贴与企业创新 [D]. 重庆: 重庆工
商大学, 2021: 8-9, 17-18.

[13] 周小川. 践行党的群众路线推进包容性金融发展 [J]. 中国金融
家, 2013 (10): 18-21.

[14] 董玉峰, 赵晓明. 负责任的数字普惠金融: 缘起、内涵与构建
[J]. 南方金融, 2018 (1): 50-56.

[15] 普惠金融全球合作伙伴 (GPFI), 等. 数字普惠金融的原则方法
与政策指引 [M]. 中国人民银行金融消费权益保护局, 译. 大连: 东北财
经大学出版社, 2018: 60.

[16] 潘玲玲. 数字普惠金融对中小企业创新的影响 [D]. 济南: 山
东财经大学, 2021: 17-18, 20-21.

[17] 曹智超. 基于成长理论的科技型中小企业技术创新能力研究
[D]. 长春: 长春理工大学, 2012: 10-11.

[18] 汪岩. 创新生态视角下社会资本对中小企业创新绩效的影响研究
[D]. 西安: 西安石油大学, 2021: 15-16.

[19] 李栋. 政府干预、数字普惠金融与中小企业创新 [D]. 武汉:
华中师范大学, 2020: 8-10, 18-19.

[20] 焦瑾璞, 等. 中国普惠金融发展进程及实证研究 [J]. 上海金
融, 2015 (4): 12-22.

[21] 吴金旺, 顾洲一. 数字普惠金融: 中国的创新与实践 [M]. 北京:
中国金融出版社, 2021: 1-2.

[22] 张晓燕. 中小企业融资约束视角下的数字普惠金融发展研究
[M]. 北京: 中国财政经济出版社, 2021: 47-63.

[23] 金卓梁. 数字金融对中小企业创新的影响研究: 基于融资约束的
中介效应检验 [D]. 杭州: 浙江大学, 2021: 14.

[24] 邓珊珊. 数字普惠金融对中小企业融资影响的研究 [J]. 智库时

代，2019（37）：62-82.

[25] 贾军，邢乐成. 信息通信技术与中小企业融资约束：基于金融制度边界的分析框架 [J]. 中国经济问题，2016（3）：123-135.

[26] 文红星. 数字普惠金融破解中小企业融资困境的理论逻辑与实践路径 [J]. 当代经济研究，2021（12）：103-111.

[27] 唐嘉励，唐清泉. 我国企业 R&D 投入与 R&D 资源获取的摩擦力：基于问卷调查的研究 [J]. 当代经济管理，2010，32（7）：20-27.

[28] 陈海强，韩乾，吴锴. 融资约束抑制技术效率提升吗？：基于制造业微观数据的实证研究 [J]. 金融研究，2015（10）：148-162.

[29] 魏志华，曾爱民，李博. 金融生态环境与企业融资约束：基于中国上市公司的实证研究 [J]. 会计研究，2014（5）：73-80，95.

[30] 解维敏，方红星. 金融发展、融资约束与企业研发投入 [J]. 金融研究，2011（5）：171-183.

[31] 贾俊生，伦晓波，林树. 金融发展、微观中小企业创新产出与经济增长：基于上市公司专利视角的实证分析 [J]. 金融研究，2017（1）：99-113.

[32] 李晓龙，冉光和，郑威. 金融要素扭曲如何影响中小企业创新投资：基于融资约束的视角 [J]. 国际金融研究，2017（12）：25-35.

[33] 邹伟，凌江怀. 普惠金融与中小微企业融资约束：来自中国中小微企业的证据 [J]. 财经论丛，2018（6）：34-35.

[34] 梁榜，张建华. 中国普惠金融创新能否缓解中小企业的融资约束 [J]. 中国科技论坛. 2018（11）：94-105.

[35] 赵丽芳，孙佟，陈素平. 政治关联缓解了中小企业的债务融资约束吗？：兼论社会审计的信息增值作用 [J]. 财会通讯，2019（30）：125-128.

[36] 陈华. 数字普惠金融缓解中小企业融资约束的实证研究 [D]. 杭州：浙江大学，2021：24-25.

[37] 辜胜阻，庄芹芹. 资本市场功能视角下的企业创新发展研究

[J]．中国软科学，2016（11）：4-13.

[38] 项康丽．税收优惠政策对企业研发创新水平的影响：基于 A 股上市企业数据的经验证据 [J]．经济研究参考，2020（19）：80-92.

[39] 李浩研，崔景华．税收优惠和直接补贴的协调模式对创新的驱动效应 [J]．税务研究，2014（3）：85-89.

[40] 李后建，刘思亚．银行信贷、所有权性质与企业创新 [J]．科学学研究，2015，33（7）：1089-1099.

[41] 谢家智，刘思亚，李后建．政治关联、融资约束与企业研发投入 [J]．财经研究，2014，40（8）：81-93.

[42] 汪伟，潘孝挺．金融要素扭曲与企业创新活动 [J]．统计研究，2015，32（5）：26-31.

[43] 聂秀华，吴青．数字金融对中小企业技术创新的驱动效应研究 [J]．华东经济管理，2021，35（3）：42-50.

[44] 滕磊，徐露月．数字普惠金融对中小企业创新的影响研究 [J]．华北金融，2020（8）：71-74.

[45] 谢雪燕，朱晓阳．数字金融与中小企业技术创新：来自新三板企业的证据 [J]．国际金融研究，2021（1）：87-96.

[46] 刘菲．数字普惠金融发展水平对中小企业创新影响的实证研究：基于融资约束的视角 [D]．北京：商务部国际贸易经济合作研究院，2021：30-43.

[47] 赵源，常青，杜新会．四川省科技型中小企业发展研究 [J]．生产力研究，2020（11）：94-96.

[48] 喻平，豆俊霞．数字普惠金融、企业异质性与中小微企业创新? [J]．当代经济管理，2020，42（12）：79-82.

[49] 余泳泽，张少辉．城市房价、限购政策与技术创新 [J]．中国工业经济，2017（6）：98-116.

[50] 张玉明，迟冬梅．互联网金融、企业家异质性与小微企业创新 [J]．外国经济与管理，2018（9）：42-54.

[51] 傅秋子，黄益平. 数字金融对农村金融需求的异质性影响：来自数字普惠金融指数与中国家庭金融调查的证据 [J]. 金融研究，2018 (11)：68-84.

[52] 唐松，伍旭川，祝佳. 数字金融与企业技术创新：结构特征、机制识别与金融监管下的效应差异 [J]. 管理世界，2020, 36 (5)：52-66.

[53] 熊斯婷. 政府投资对企业技术创新投入驱动效应实证分析 [J]. 统计与决策，2015 (17)：62-64.

[54] 薛宇择，张明源. 我国中小企业融资困境分析及其应对策略：效仿德国中小企业融资框架 [J]. 西南金融，2020 (2)：18-30.

[55] 吴阳芬，曾繁华. 我国新三板中小企业融资效率测度研究 [J]. 湖北社会科学，2019 (1)：69-77.

[56] 谢绚丽，沈艳，张皓星，等. 数字金融能促进创业吗？：来自中国的证据 [J]. 经济学（季刊），2018, 17 (4)：1557-1580.

[57] 侯层，李北伟. 金融科技是否提高了全要素生产率：来自北京大学数字普惠金融指数的经验证据 [J]. 财经科学，2020 (12)：1-12.

[58] 吴庆田，朱映晓. 数字普惠金融对企业技术创新的影响研究：阶段性机制识别与异质性分析 [J]. 工业技术经济，2021, 40 (3)：143-151.

[59] 万芊，刘力. 中小企业融资行为与地区金融环境差异相关分析：基于苏州、无锡、吴忠地区中小企业调查问卷的研究 [J]. 新金融，2011 (4)：35-39.

[60] 姚耀军，董钢锋. 中小企业融资约束缓解：金融发展水平重要抑或金融结构重要？：来自中小企业板上市公司的经验证据 [J]. 金融研究，2015 (4)：148-161.

[61] 骆良彬，郑昊. 内部控制视角下的企业研发投资风险防范探究 [J]. 福建论坛（人文社会科学版），2016 (8)：28-32.

[62] 黄明刚，杨昀. 贫困地区中小企业融资模式创新研究：基于互联网金融新业态视角 [J]. 技术经济与管理研究，2016 (5)：55-59.

[63] 谢平，邹传伟. 互联网金融模式研究 [J]. 金融研究，2012

（12）：11-22.

　　［64］林毅夫，李永军. 中小金融机构发展与中小企业融资［J］. 经济研究，2001（1）：10-18，53-93.

　　［65］鞠晓生. 中国上市企业创新投资的融资来源与平滑机制［J］. 世界经济，2013，36（4）：138-159.

　　［66］苟玉根. 融资方式对产业结构升级的影响［D］. 上海：上海社会科学院，2019.

　　［67］张一林，龚强，荣昭. 技术创新、股权融资与金融结构转型［J］. 管理世界，2016（11）：65-80.

　　［68］王秀贞，丁慧平，胡毅. 基于 DEA 方法的我国中小企业融资效率评价［J］. 系统工程理论与实践，2017，37（4）：865-874.

　　［69］万佳彧，周勤，肖义. 数字金融、融资约束与企业创新［J］. 经济评论，2020（1）：71-83.

　　［70］王重润，王赞. "新三板"挂牌企业融资效率分析［J］. 上海金融，2016（11）：70-75.

　　［71］谢旭升，严思屏. 融资约束视角下数字普惠金融促进中小企业技术创新的路径研究［J］. 金融理论探索，2022（4）：1-15.

　　［72］汪亚楠，叶欣，许林. 数字金融能提振实体经济吗［J］. 财经科学，2020（3）：1-13.

　　［73］王靖一，黄益平. 金融科技媒体情绪的刻画与对网贷市场的影响［J］. 经济学（季刊），2018，17（4）：1623-1650.

　　［74］王娟，朱卫未. 数字金融发展能否校正企业非效率投资［J］. 财经科学，2020（3）：14-25.

　　［75］王涛，孟雪. 融资约束对企业对外直接投资的影响：基于生产率的中介效应检验［J］. 系统工程，2019，37（6）：82-97.

　　［76］王霄，张捷. 银行信贷配给与中小企业贷款：一个内生化抵押品和企业规模的理论模型［J］. 经济研究，2003（7）：68-75，92.

　　［77］王馨. 互联网金融助解"长尾"小微企业融资难问题研究［J］.

金融研究，2015（9）：128-139.

[78] 蒋惠凤，刘益平. 数字金融、供应链金融与企业融资约束：基于中小企业板上市公司的经验证据 [J]. 技术经济与管理研究，2021（3）：73-77.

[79] 秦士晨. 中小企业融资问题的研究：基于"数字普惠金融"创新借贷模式 [J]. 工业经济论坛，2017，4（5）：89-94.

[80] 潘士远，蒋海威. 融资约束对企业创新的促进效应研究 [J]. 社会科学战线，2020（5）：242-248.

[81] 唐清泉，肖海莲. 融资约束与企业创新投资——现金流敏感性：基于企业 R&D 异质性视角 [J]. 南方经济，2012，（11）：40-54.

[82] 许继军. R&D 投资、融资约束与高新技术企业发展研究 [J]. 商业时代，2014，（18）：78-79.

[83] 唐清泉，巫岑. 银行业结构与企业创新活动的融资约束 [J]. 金融研究，2015，（7）：116-134.

[84] 朱永明，贾明娥. 市场化进程、融资约束与企业技术创新：基于中国高新技术企业 2010—2014 年数据的分析 [J]. 商业研究，2017（1）：49-56.

[85] 李晓龙，冉光和，郑威. 金融要素扭曲如何影响企业创新投资：基于融资约束的视角 [J]. 国际金融研究，2017（12）：25-35.

[86] 钟腾，汪昌云. 金融发展与企业创新产出：基于不同融资模式对比视角 [J]. 金融研究，2017（12）：127-142.

[87] 贾俊生，伦晓波，林树. 金融发展、微观企业创新产出与经济增长：基于上市公司专利视角的实证分析 [J]. 金融研究，2017（1）：99-113.

[88] 庄毓敏，储青青，马勇. 金融发展、企业创新与经济增长 [J]. 金融研究，2020（4）：11-30.

[89] 王小燕，张俊英，王醒男. 金融科技、企业生命周期与技术创新：异质性特征、机制检验与政府监管绩效评估 [J]. 金融经济学研究，2019，34（5）：93-108.

[90] 李春涛，闫续文，宋敏，等. 金融科技与企业创新：新三板上市

公司的证据［J］.中国工业经济，2020（1）：81-98.

　　［91］侯世英，宋良荣.金融科技发展、金融结构调整与企业研发创新［J］.中国流通经济，2020，34（4）：100-109.

　　［92］薛莹，胡坚.金融科技助推经济高质量发展：理论逻辑、实践基础与路径选择［J］.改革，2020（3）：53-62.

　　［93］申明浩，谭伟杰.数字金融发展能激励企业创新吗?：基于中国上市企业的实证检验［J］.南京财经大学学报，2022（3）：66-78.

　　［94］郑万腾，赵红岩，范宏.数字金融发展对区域创新的激励效应研究［J］.科研管理，2021，42（4）：138-146.

　　［95］李健，江金鸥，陈传明.包容性视角下数字普惠金融与企业创新的关系：基于中国A股上市企业的证据［J］.管理科学，2020，33（6）：16-29.

　　［96］熊正德，黎秋芳.数字金融对企业技术创新的影响：基于370家数字创意产业上市公司的证据［J］.湖南农业大学学报（社会科学版），2022，23（3）：80-89.

　　［97］李春涛，闫续文，宋敏，等.金融科技与企业创新：新三板上市公司的证据［J］.中国工业经济，2020（1）：81-98.

　　［98］李菲菲，马若微，黄解宇.数字金融、产权性质与企业创新：基于创新异质性视角［J］.技术经济与管理，2022（3）：27-33.

　　［99］廖婧琳，胡妍，项后军.数字普惠金融发展缓解了企业融资约束吗?：基于企业社会责任的调节效应［J］.云南财经大学学报，2020，36（9）：73-87.

　　［100］滕磊.数字普惠金融缓解中小企业融资约束的机制与路径［J］.调研世界，2020（9）：27-35.

　　［101］张媛媛，袁奋强，刘东皇，等.区域科技创新与科技金融的协同发展研究：基于系统耦合理论的分析［J］.技术经济与管理研究，2017（6）：71-76.

　　［102］吴庆田，王倩.普惠金融发展质量与中小企业融资效率［J］.金融与经济，2020（9）：37-43，67.

[103] 杨茜. 科技型中小企业发展的金融支持问题 [J]. 科学管理研究, 2008, 26 (5): 109-111.

[104] 任晓怡. 数字普惠金融发展能否缓解企业融资约束 [J]. 现代经济探讨, 2020 (10): 65-75.

[105] 杜江, 张伟科, 范锦玲, 等. 科技金融对科技创新影响的空间效应分析 [J]. 软科学, 2017, 31 (4): 19-22, 36.

[106] 袁鲲, 曾德涛. 区际差异、数字金融发展与企业融资约束: 基于文本分析法的实证检验 [J]. 山西财经大学学报, 2020, 42 (12): 40-52.

[107] 张斌彬, 何德旭, 张晓燕. 金融科技发展能否驱动企业去杠杆? [J]. 经济问题, 2020 (1): 1-10, 69.

[108] 张勋, 万广华, 张佳佳, 等. 数字经济、普惠金融与包容性增长 [J]. 经济研究, 2019, 54 (8): 71-86.

[109] 邢乐成, 王延江. 中小企业融资难问题研究: 基于普惠金融的视角 [J]. 理论学刊, 2013 (8): 48-51.

[110] 田霖. 金融普惠、金融包容与中小企业融资模式创新 [J]. 金融理论与实践, 2013 (6): 17-20.

[111] 孙继国, 胡金焱, 杨璐. 发展普惠金融能促进中小企业创新吗?: 基于双重差分模型的实证检验 [J]. 财经问题研究, 2020 (10): 47-54.

[112] 卢锐, 李锋. 面向 2035 年科技型中小企业培育的创新对策 [J]. 中国科技论坛, 2021 (6): 17-18.

[113] 吴慧敏. 数字普惠金融促进中小企业创新路径研究 [J]. 科技创业, 2021 (12): 38-42.

[114] AGARWAL S, HAUSWALD R. Distance and private information in lending [J]. Review of financial studies, 2010, 23 (7): 46-57.

[115] AGHION P, VAN REENEN J, ZINGALES L. Innovation and institutional ownership [J]. American economic review, 2013 (1): 277-304.

[116] ARNER D, BUCKLEY R, ZETZSCHE D. Sustainability, fintech and financial inclusion [J]. European business organization law review, 2020

(1): 7-35.

[117] AGARWAL S, HAUSWALD R. Distance and private information in lending [J]. Review of financial studies, 2010, 23 (7): 2757-2788.

[118] ALMEIDA H, CAMPELLO M, WEISBACH M S. Corporate financial and investment policies when future financing is not frictionless [J]. Journal of corporate finance, 2011, 17 (3): 0-693.

[119] BAKER. T, DEMIRGUC-KUNT. A, Maksimovic. V. Enterprise R&D and innovation benefits under limited resources [J]. Journal of money, credit, and anking, 2014, 36 (3): 627-648.

[120] BANERJEE A, DUFLO E. Giving Credit where it is due [J]. Discussion Papers, 2010, 24 (3): 61-79.

[121] BRUTON G, KHAVUL S, SIEGEL D, et al. New financial alternatives in seeding entrepreneurship: microfinance, crowdfunding, and peer-to-peer innovations [J]. Entrepreneurship theory and practice, 2015, 39 (1): 9-26.

[122] CHEN L. From fintech to finlife: the case of fintech development in China [J]. China economic journal, 2016, 9 (3): 225-239.

[123] CLEARY, S. The relationship between firm investment and financial status [J]. Journal of finance, 1999, 54 (2): 673-692.

[124] CHARLOTTE H MASON, WILLIAM D PERREAULT. Collinearity, power, and interpretation of multiple regression analysis [J]. Journal of marketing research, 1991, 28 (3): 13.

[125] CHARLOTTE H MASON, WILLIAM D PERREAULT. Collinearity, power, and interpretation of multiple regression analysis [J]. Journal of marketing research, 1991, 28 (3): 13.

[126] CLAESSENS S, GLAESSNER T, KLINGEBIEL D. Electronic finance: reshaping the financial landscape around the world [J]. Journal of financial services research, 2002, 22 (1): 29-61.

[127] CZARNITZKI D, HOTTENROTT H. R&D investment and financing

constraints of small and medium – sized firms ［J］. Small business economics, 2011, 36 （1）: 65-83.

［128］ CHUNDAKKADAN R, SASIDHARAN S. Financial constraints, government support, and firm innovation: empirical evidence from developing economies ［J］. Innovation and development, 2020, 10 （3）: 279-301.

［129］ DIRK C, HANNA H. R&D investment and financing constraints of small and medium-sized firm ［J］. Small business economics, 2011, 36 （1）: 65-83.

［130］ DEMERTZIS M, MERLER S, WOLFF G B, et al. Capital markets union and the fintech opportunity ［J］. Journal of financial regulation, 2018, 4 （1）: 157-165.

［131］ DOWLA A. In credit we trust: building social capital by grameen bank in bangladesh ［J］. Journal of social economics, 2006, 35 （1）: 102-122.

［132］ DEMERTZIS, MARIA, MERLER, et al. Capital markets union and the fintech opportunity ［J］. Journal of financial regulation, 2018, 4 （1）: 157-165.

［133］ GOLDSTEIN I, JIANG W, KAROLYI G A. To fintech and beyond ［J］. Review of financial studies, 2019, 32 （5）: 1647-1661.

［134］ GUARIGLIA A, LIU P. To what extent do financing constraints affect Chinese firms innovation activities? ［J］. International review of financial analysis, 2014, 36 （1）: 223-240.

［135］ GOMBER P, KAUFFMAN R J, PARKER C. On the fintech revolution: interpreting the forces of innovation, disruptionand transformation in financial services ［J］. Journal of management information systems, 2018, 35 （1）: 220 265.

［136］ GOMBER P, KOCH J A, SIERING M. Digital finance and fin tech: current research and future research directions ［J］. Journal of business economics, 2017, 87 （5）: 537-580.

［137］ HADLOCK C, PIERCE J. New evidence on measuring financial constraints: moving beyond the KZ index [J]. Review of financial studies, 2010, 23 (5): 1909-1940.

[138] HAU H, HUANG Y, SHAN H, et al. How fintech enters China's credit market [J]. AEA papers and proceedings, 2019, 109 (5): 60-64.

[139] HALL B, LERNER J. The financing of R&D and innovation, in: Hall B, Rosenberg N (Eds), handbook of the economics of innovation [M]. Elsevier, North Holland, 2010: 609-639.

[140] HONOHAN P. Financial development, growth and poverty: how close are the links? [M]. London: Palgrave Macmillan Honohan Macmillan, 2004: 1-37.

[141] HADLOCK C J, PIERCE J R. New evidence on measuring financial constraints: moving beyond the KZ index [J]. Review of financial studies, 2010, 23 (5): 1909-1940.

[142] LOVE I. Financial development and financial constraints: international evidence from the structural investment model [J]. Review of financial studies, 2003, 16 (3): 765-791.

[143] LIJ, XIA J, ZAJAC E. On the duality of political and economic stakeholder influence on firm innovation performance: theory and evidence from Chinese firms [J]. Strategic management journal, 2018, 39 ((1): 193-216.

[144] MOENNINGIIOFF S C, WIEANDT A. The future of peer-to-peer finance [J]. Social science electronic publishing, 2013, 65 (5): 466-487.

[145] MANSO, G. Motivating innovation [J]. The journal of finance, 2011, 66 (5): 1823-1860.

[147] MOCETTI S, PAGNINI M, SETTE E. Information technology and banking organization [J]. Journal of financial services research, 2017, 51 (3): 313-338.

[148] MAICTTA W, SENA V. Financial constraints and technical efficiency: some empirical evidence for Italian producers cooperatives [J]. Annals of

public and cooperative economics, 2010, 81 (1): 21-38.

[149] OZILI P K. Impact of digital finance on financial inclusion and stability [J]. Borsa istanbul review, 2017, 12 (3): 53-65.

[150] PANA E, VITZTHUM S, WILLIS D. The impact of internet-based services on credit unions: a propensity score matching approach [J]. Review of quantitative finance & accounting, 2015, 44 (2): 329-352.

[151] SASIDHARAN S, LUKOSE J, KOMERA S. Financing constraints and investments in R&D: evidence from Indian manufacturing firms [J]. Quarterly review of economics and finance, 2015, 55 (1): 326-357.

[152] TEECE D J. Forward integration and innovation: transaction costs and beyond [J]. Journal of retailing, 2010, 86 (3): 277-283.

[153] SCHNABL P, FUSTER A, VICKERY J I, PLOSSER M C. The role of technology in mortgage lending [J]. Review of financial studies, 2019, 32 (5): 1854-1899.

[154] WANG Q, YANG J, CHIU Y, LIN T. The impact of digital finance on financial efficiency [J]. Managerial and decision economics, 2020, 41 (7): 1225-1236.

附　录

附录 A　2011—2020 年省级数字普惠金融指数及分类指数

年份	行政区划	总指数	覆盖广度	使用深度	支付	保险	信贷	数字化程度
2011	北京市	79.41	97.53	72.23	79.40	59.48	76.75	32.59
2011	天津市	60.58	69.37	53.33	55.52	75.74	43.73	44.72
2011	河北省	32.42	18.46	44.19	24.36	24.83	54.49	57.15
2011	山西省	33.41	28.94	21.61	19.48	20.25	22.42	69.57
2011	内蒙古自治区	28.89	24.65	30.27	27.51	49.83	22.42	40.35
2011	辽宁省	43.29	44.96	44.64	49.24	48.98	42.31	35.33
2011	吉林省	24.51	23.75	24.04	23.89	23.85	24.13	27.86
2011	黑龙江省	33.58	21.12	36.28	33.74	39.37	35.28	69.83
2011	上海市	80.19	98.85	86.24	100.00	72.82	90.30	7.58
2011	江苏省	62.08	66.70	79.22	80.77	78.49	79.35	15.71
2011	浙江省	77.39	85.53	93.52	96.52	100.00	90.48	21.22
2011	安徽省	33.07	20.20	55.58	49.04	40.63	62.54	34.66
2011	福建省	61.76	63.28	68.51	77.26	46.12	76.87	44.50
2011	江西省	29.74	13.97	54.82	56.70	46.60	58.04	36.21
2011	山东省	38.55	33.67	47.16	44.24	9.07	63.38	39.01

年份	行政区划	总指数	覆盖广度	使用深度	支付	保险	信贷	数字化程度
2011	河南省	28.40	13.54	38.11	38.37	0.25	53.88	59.81
2011	湖北省	39.82	35.17	53.56	69.15	44.82	55.47	30.18
2011	湖南省	32.68	15.33	60.73	53.36	51.76	65.29	39.02
2011	广东省	69.48	63.41	80.97	59.96	50.69	95.96	68.66
2011	广西壮族自治区	33.89	19.98	44.06	52.17	42.03	44.00	61.33
2011	海南省	45.56	30.96	57.74	60.56	61.02	56.06	71.63
2011	重庆市	41.89	40.38	47.46	59.24	57.04	42.14	36.77
2011	四川省	40.16	29.02	58.56	45.49	73.61	53.74	43.50
2011	贵州省	18.47	3.06	27.51	49.21	47.38	16.79	52.92
2011	云南省	24.91	7.47	48.39	55.11	82.08	33.58	39.81
2011	西藏自治区	16.22	3.37	30.16	0.00	66.30	18.46	33.33
2011	陕西省	40.96	37.81	29.74	34.44	26.16	30.71	71.74
2011	甘肃省	18.84	4.99	12.76	10.82	6.48	15.59	75.61
2011	青海省	18.33	1.96	6.76	0.00	21.99	1.16	93.42
2011	宁夏回族自治区	31.31	32.27	23.16	15.68	41.09	16.51	42.96
2011	新疆维吾尔自治区	20.34	12.92	23.60	21.47	51.84	12.05	38.92
2012	北京市	150.65	155.56	159.42	110.02	216.68	141.07	118.47
2012	天津市	122.96	110.61	135.77	74.34	212.58	110.61	140.44
2012	河北省	89.32	65.46	108.15	43.52	132.99	105.02	133.90
2012	山西省	92.98	75.20	86.48	37.43	143.54	68.17	163.50
2012	内蒙古自治区	91.68	75.03	95.44	45.63	158.40	74.75	139.78
2012	辽宁省	103.53	89.01	120.36	69.54	187.08	98.21	120.91
2012	吉林省	87.23	69.43	93.83	44.98	127.45	85.27	133.99
2012	黑龙江省	87.91	66.48	100.46	56.37	153.19	83.40	135.89

年份	行政区划	总指数	覆盖广度	使用深度	支付	保险	信贷	数字化程度
2012	上海市	150.77	149.35	174.72	136.14	227.70	156.94	111.94
2012	江苏省	122.03	106.69	156.55	98.32	228.07	133.23	109.94
2012	浙江省	146.35	128.50	200.42	130.89	324.29	156.52	107.07
2012	安徽省	96.63	66.06	138.06	67.84	215.71	113.52	122.31
2012	福建省	123.21	112.74	140.25	100.51	169.52	132.49	126.79
2012	江西省	91.93	59.82	132.68	75.05	207.30	108.00	123.92
2012	山东省	100.35	80.15	127.53	61.65	176.43	114.51	117.68
2012	河南省	83.68	61.93	98.07	61.80	104.06	99.63	129.37
2012	湖北省	101.42	82.06	125.84	90.83	173.75	109.77	121.00
2012	湖南省	93.71	63.39	132.38	75.16	204.99	108.49	123.56
2012	广东省	127.06	111.37	149.38	81.73	153.26	155.34	138.31
2012	广西壮族自治区	89.35	66.47	104.58	69.07	142.54	92.72	137.25
2012	海南省	102.94	79.51	120.72	87.09	169.69	104.05	147.98
2012	重庆市	100.02	85.39	116.14	89.60	180.84	92.12	119.05
2012	四川省	100.13	74.36	126.50	78.66	179.64	109.68	137.31
2012	贵州省	75.87	49.87	89.92	79.69	155.99	63.49	136.21
2012	云南省	84.43	52.78	111.96	75.43	177.58	88.67	138.91
2012	西藏自治区	68.53	32.86	71.07	16.85	164.95	37.98	181.65
2012	陕西省	98.24	83.62	98.61	58.38	141.46	85.23	145.88
2012	甘肃省	76.29	54.72	68.98	36.32	117.06	52.57	160.79
2012	青海省	61.47	47.12	51.85	16.33	136.35	20.57	126.30
2012	宁夏回族自治区	87.13	76.78	90.34	40.51	158.36	67.53	115.46
2012	新疆维吾尔自治区	82.45	60.88	85.14	46.28	159.44	58.50	148.76
2013	北京市	215.62	193.86	247.50	136.53	617.63	131.17	229.57
2013	天津市	175.26	146.54	197.52	110.17	511.81	100.24	229.67

年份	行政区划	总指数	覆盖广度	使用深度	支付	保险	信贷	数字化程度
2013	河北省	144.98	105.66	162.85	64.92	422.49	88.71	242.35
2013	山西省	144.22	115.40	139.08	61.87	422.74	50.21	248.75
2013	内蒙古自治区	146.59	116.37	138.84	73.66	369.88	72.30	260.45
2013	辽宁省	160.07	126.67	181.54	93.89	485.17	90.42	231.33
2013	吉林省	138.36	106.85	147.95	72.92	396.34	76.01	224.97
2013	黑龙江省	141.40	104.49	152.58	80.25	418.82	72.84	242.97
2013	上海市	222.14	187.31	280.93	169.95	680.74	156.87	230.30
2013	江苏省	180.98	144.68	223.09	128.77	543.88	125.46	224.30
2013	浙江省	205.77	167.96	265.48	166.23	649.99	144.69	222.12
2013	安徽省	150.83	106.51	190.86	95.33	493.54	100.96	224.45
2013	福建省	183.10	157.43	194.12	130.14	436.21	122.60	247.85
2013	江西省	146.13	99.81	183.73	102.46	478.45	93.40	230.78
2013	山东省	159.30	122.01	189.07	89.87	483.75	101.22	228.32
2013	河南省	142.08	105.06	155.23	87.45	395.02	83.51	240.42
2013	湖北省	164.76	123.74	197.04	111.20	511.31	99.50	241.51
2013	湖南省	147.71	103.46	175.00	100.22	454.11	90.40	244.25
2013	广东省	184.78	153.33	208.44	106.47	466.62	137.12	245.61
2013	广西自治区	141.46	106.97	153.84	99.06	417.00	72.55	232.82
2013	海南省	158.26	121.75	173.37	110.76	468.48	80.81	251.39
2013	重庆市	159.86	125.27	178.20	113.40	471.66	86.97	240.74
2013	四川省	153.04	114.03	176.71	102.38	445.78	96.41	238.82
2013	贵州省	121.22	89.59	125.46	100.53	384.99	41.00	217.93
2013	云南省	137.90	95.59	153.55	97.13	413.08	72.86	249.15
2013	西藏自治区	115.10	74.09	112.84	63.75	363.27	29.17	254.65
2013	陕西省	148.37	123.60	145.94	78.61	399.93	68.00	234.55
2013	甘肃省	128.39	96.77	114.20	69.51	357.10	36.43	258.60

年份	行政区划	总指数	覆盖广度	使用深度	支付	保险	信贷	数字化程度
2013	青海省	118.01	88.18	113.42	63.67	389.30	22.35	224.82
2013	宁夏回族自治区	136.74	115.08	129.02	44.50	399.35	46.74	222.32
2013	新疆维吾尔自治区	143.40	101.44	146.39	76.03	422.50	59.57	276.48
2014	北京市	235.36	243.92	219.89	196.25	663.95	120.76	235.22
2014	天津市	200.16	193.86	180.28	165.52	576.75	97.95	257.11
2014	河北省	160.76	149.97	131.34	114.97	423.99	79.94	249.86
2014	山西省	167.66	163.16	124.78	117.06	462.67	53.43	260.43
2014	内蒙古自治区	172.56	165.46	114.88	117.47	428.70	53.41	300.84
2014	辽宁省	187.61	175.49	162.89	143.45	550.31	87.32	272.53
2014	吉林省	165.62	154.91	136.01	118.63	462.03	73.74	254.75
2014	黑龙江省	167.80	152.48	142.48	127.57	484.01	75.98	264.41
2014	上海市	239.53	237.02	242.78	225.10	725.26	142.88	241.88
2014	江苏省	204.16	193.18	201.09	184.42	611.07	119.53	246.02
2014	浙江省	224.45	217.48	233.67	224.06	687.54	139.65	230.71
2014	安徽省	180.59	156.56	173.84	151.50	547.03	98.99	272.22
2014	福建省	202.59	204.22	164.85	181.25	457.02	124.93	265.76
2014	江西省	175.69	148.73	167.19	154.14	535.69	98.59	280.18
2014	山东省	181.88	169.89	161.19	142.07	511.64	91.92	259.08
2014	河南省	166.65	157.52	132.24	137.08	415.49	84.05	259.31
2014	湖北省	190.14	176.61	175.70	165.88	548.79	99.75	261.07
2014	湖南省	167.27	150.42	153.46	148.44	479.47	94.02	247.99
2014	广东省	201.53	199.63	175.04	156.69	485.07	128.04	255.98
2014	广西自治区	166.12	154.29	139.98	139.02	449.06	82.67	252.66
2014	海南省	179.62	170.99	153.80	157.71	529.76	71.93	255.03
2014	重庆市	184.71	175.57	157.88	158.33	514.01	92.50	263.63

年份	行政区划	总指数	覆盖广度	使用深度	支付	保险	信贷	数字化程度
2014	四川省	173.82	162.58	159.82	149.32	499.44	96.92	236.39
2014	贵州省	154.62	139.90	114.08	126.53	421.51	55.52	276.90
2014	云南省	164.05	147.22	144.30	134.42	475.79	82.03	255.54
2014	西藏自治区	143.91	126.67	108.76	113.51	450.07	21.11	264.70
2014	陕西省	178.73	173.25	139.00	122.05	472.64	72.71	269.00
2014	甘肃省	159.76	148.10	107.29	111.91	426.42	35.84	293.60
2014	青海省	145.93	139.24	108.40	109.16	443.05	24.58	236.23
2014	宁夏回族自治区	165.26	167.18	114.28	111.45	446.04	41.97	251.55
2014	新疆维吾尔自治区	163.67	151.28	134.87	133.48	487.16	50.72	256.91
2015	北京市	276.38	268.39	234.17	243.23	469.42	173.81	379.48
2015	天津市	237.53	211.89	195.46	206.76	427.33	143.47	398.62
2015	河北省	199.53	172.78	151.45	161.59	306.80	127.69	375.20
2015	山西省	206.30	186.14	141.52	159.41	337.67	97.75	390.57
2015	内蒙古自治区	214.55	185.34	136.04	154.71	332.60	100.99	453.66
2015	辽宁省	226.40	194.17	178.41	181.60	398.60	132.75	420.06
2015	吉林省	208.20	175.49	154.68	166.01	343.10	113.84	413.47
2015	黑龙江省	209.93	174.68	164.06	170.10	363.16	111.50	409.72
2015	上海市	278.11	258.98	259.81	268.49	521.32	201.70	374.54
2015	江苏省	244.01	215.94	218.62	227.43	441.96	173.28	382.84
2015	浙江省	264.85	239.33	251.29	270.92	518.33	196.90	373.77
2015	安徽省	211.28	171.65	189.78	196.92	396.70	149.57	381.23
2015	福建省	245.21	226.60	198.23	230.19	396.13	185.79	392.01
2015	江西省	208.35	170.86	182.48	194.78	397.91	151.45	379.14
2015	山东省	220.66	192.11	178.15	186.17	372.83	141.22	392.16
2015	河南省	205.34	181.50	151.05	174.98	307.69	130.90	382.73

年份	行政区划	总指数	覆盖广度	使用深度	支付	保险	信贷	数字化程度
2015	湖北省	226.75	199.53	189.08	210.98	396.45	146.92	385.07
2015	湖南省	206.38	170.07	174.47	186.49	371.97	143.89	384.24
2015	广东省	240.95	225.52	195.87	207.36	365.29	187.62	373.79
2015	广西自治区	207.23	176.33	153.46	177.23	341.68	133.25	406.94
2015	海南省	230.33	192.26	184.91	195.59	438.80	128.84	438.59
2015	重庆市	221.84	197.46	171.58	191.70	395.35	132.40	393.65
2015	四川省	215.48	182.08	176.54	190.60	378.83	141.43	396.51
2015	贵州省	193.29	160.98	132.74	155.83	345.19	95.40	410.01
2015	云南省	203.76	167.96	158.79	168.47	383.48	122.14	403.67
2015	西藏自治区	186.38	139.87	157.75	168.77	447.65	87.66	391.97
2015	陕西省	216.12	194.92	157.95	162.76	355.33	116.87	391.85
2015	甘肃省	199.78	169.67	125.25	142.62	319.06	84.74	434.64
2015	青海省	195.15	159.59	136.50	143.26	357.89	85.05	419.14
2015	宁夏回族自治区	214.70	190.35	134.87	149.39	364.97	90.12	440.18
2015	新疆维吾尔自治区	205.49	172.01	148.60	165.46	397.95	92.83	419.40
2016	北京市	286.37	285.65	263.74	286.87	566.47	172.79	329.90
2016	天津市	245.84	225.41	231.61	247.13	541.83	155.95	339.15
2016	河北省	214.36	191.55	196.87	214.64	434.79	145.45	321.46
2016	山西省	224.81	205.51	189.38	206.37	451.07	134.39	352.96
2016	内蒙古自治区	229.93	202.00	184.89	195.22	466.55	125.88	404.00
2016	辽宁省	231.41	207.74	220.06	219.02	523.97	152.90	330.21
2016	吉林省	217.07	191.94	204.14	209.46	482.14	144.93	323.59
2016	黑龙江省	221.89	191.24	206.54	214.35	496.97	142.58	350.97
2016	上海市	282.22	274.25	281.48	309.09	615.25	190.79	309.94

年份	行政区划	总指数	覆盖广度	使用深度	支付	保险	信贷	数字化程度
2016	江苏省	253.75	233.22	253.08	279.69	560.71	174.22	322.80
2016	浙江省	268.10	254.44	270.62	316.53	608.21	189.77	308.66
2016	安徽省	228.78	194.89	229.95	248.77	524.77	161.80	338.54
2016	福建省	252.67	240.47	245.12	287.16	566.68	180.46	306.70
2016	江西省	223.76	188.79	222.74	242.01	533.27	157.10	341.08
2016	山东省	232.57	209.80	217.81	235.54	488.04	154.33	334.58
2016	河南省	223.12	200.65	199.22	226.02	446.66	146.68	340.80
2016	湖北省	239.86	215.55	233.41	264.87	530.70	159.41	331.83
2016	湖南省	217.69	186.13	219.80	233.88	517.19	158.56	318.07
2016	广东省	248.00	240.07	236.50	266.79	516.88	181.38	295.07
2016	广西自治区	223.32	193.51	202.21	227.42	476.80	149.01	360.15
2016	海南省	231.56	210.09	220.35	232.99	562.52	134.72	322.83
2016	重庆市	233.89	214.03	211.54	236.07	508.19	147.53	340.10
2016	四川省	225.41	197.00	216.54	237.79	492.85	154.36	335.38
2016	贵州省	209.45	180.70	182.70	190.36	479.22	131.03	353.03
2016	云南省	217.34	185.37	203.17	206.68	501.83	141.41	348.65
2016	西藏自治区	204.73	167.21	202.53	210.12	537.69	113.15	332.66
2016	陕西省	229.37	211.17	202.87	213.12	471.15	140.55	337.60
2016	甘肃省	204.11	189.28	172.66	182.10	434.02	111.11	310.24
2016	青海省	200.38	177.73	182.26	181.72	457.67	118.71	308.11
2016	宁夏回族自治区	212.36	205.92	179.62	191.98	461.68	118.95	293.12
2016	新疆维吾尔自治区	208.72	190.32	190.11	197.22	490.82	112.29	303.31
2017	北京市	329.94	316.12	357.24	303.12	717.79	210.41	326.02
2017	天津市	284.03	257.90	310.13	257.20	666.47	188.37	322.91
2017	河北省	258.17	232.89	273.45	226.55	572.54	170.23	313.87

年份	行政区划	总指数	覆盖广度	使用深度	支付	保险	信贷	数字化程度
2017	山西省	259.95	243.02	254.98	216.39	553.60	159.25	324.92
2017	内蒙古自治区	258.50	238.92	249.20	196.40	563.67	141.03	340.10
2017	辽宁省	267.18	239.87	291.27	224.18	630.04	182.83	313.57
2017	吉林省	254.76	227.45	273.62	210.33	593.75	170.99	310.72
2017	黑龙江省	256.78	226.00	275.86	214.68	593.53	173.30	323.77
2017	上海市	336.65	305.89	396.05	333.43	785.39	231.81	330.31
2017	江苏省	297.69	272.32	328.93	298.29	688.84	205.11	324.69
2017	浙江省	318.05	290.06	366.40	343.86	768.73	224.29	322.66
2017	安徽省	271.60	234.70	309.55	271.32	662.72	188.94	324.48
2017	福建省	299.28	275.40	334.33	309.03	704.80	210.30	314.47
2017	江西省	267.17	228.52	305.92	261.96	672.55	182.36	324.38
2017	山东省	272.06	247.19	290.92	248.98	619.98	180.27	319.92
2017	河南省	266.92	241.45	279.56	247.49	584.25	170.34	328.09
2017	湖北省	285.28	253.63	317.58	290.35	652.84	192.90	331.10
2017	湖南省	261.12	223.47	297.70	248.52	641.34	181.95	318.96
2017	广东省	296.17	275.91	328.17	288.57	676.58	209.91	304.92
2017	广西自治区	261.94	232.73	279.52	244.56	601.91	174.67	326.44
2017	海南省	275.64	253.39	297.53	247.67	656.86	171.45	309.34
2017	重庆市	276.31	249.50	301.21	246.62	621.74	179.45	319.57
2017	四川省	267.80	231.87	301.54	245.24	620.25	181.94	325.14
2017	贵州省	251.46	227.77	258.44	207.60	594.73	157.08	316.99
2017	云南省	256.27	223.54	282.85	217.82	604.28	164.67	316.08
2017	西藏自治区	245.57	209.29	273.79	219.80	596.15	146.69	314.10
2017	陕西省	266.85	246.48	276.00	226.87	586.20	166.68	317.47
2017	甘肃省	243.78	227.38	240.39	196.94	526.80	132.77	304.10
2017	青海省	240.20	215.67	251.09	189.51	534.91	135.86	301.42

年份	行政区划	总指数	覆盖广度	使用深度	支付	保险	信贷	数字化程度
2017	宁夏回族自治区	255.59	242.42	252.21	189.87	552.15	138.21	305.24
2017	新疆维吾尔自治区	248.69	228.82	249.10	196.68	539.02	131.99	313.56
2018	北京市	368.54	353.87	366.78	317.54	747.90	216.26	420.19
2018	天津市	316.88	295.35	317.94	278.23	717.91	191.02	386.10
2018	河北省	282.77	264.06	267.92	238.96	608.74	166.12	371.55
2018	山西省	283.65	277.03	249.73	243.58	560.07	163.01	367.19
2018	内蒙古自治区	271.57	269.49	232.31	205.87	561.44	141.03	349.76
2018	辽宁省	290.95	271.81	279.48	237.75	647.87	169.26	375.01
2018	吉林省	276.08	256.55	255.23	216.84	584.77	159.50	378.46
2018	黑龙江省	274.73	256.12	254.88	220.17	571.27	160.68	372.28
2018	上海市	377.73	346.33	400.40	356.14	849.62	243.08	440.26
2018	江苏省	334.02	311.95	333.09	313.48	732.70	208.82	408.62
2018	浙江省	357.45	330.17	372.01	379.51	838.08	229.70	421.07
2018	安徽省	303.83	273.41	309.62	286.38	726.16	191.80	393.79
2018	福建省	334.44	312.31	334.30	324.73	748.45	215.68	407.76
2018	江西省	296.23	266.46	296.52	273.50	688.64	186.82	394.00
2018	山东省	301.13	281.99	287.85	263.14	653.12	179.46	388.48
2018	河南省	295.76	278.46	275.74	269.68	627.45	178.31	389.27
2018	湖北省	319.48	292.56	322.44	307.65	705.24	199.53	402.99
2018	湖南省	286.81	258.07	286.55	248.24	653.41	178.89	382.19
2018	广东省	331.92	312.44	329.93	305.54	733.02	214.14	399.86
2018	广西自治区	289.25	270.41	272.49	258.82	629.05	177.77	381.93
2018	海南省	309.72	294.40	300.23	265.85	683.33	184.31	377.54
2018	重庆市	301.53	285.11	285.60	261.95	622.31	178.41	384.74
2018	四川省	294.30	266.15	295.83	256.25	656.64	177.18	384.51

年份	行政区划	总指数	覆盖广度	使用深度	支付	保险	信贷	数字化程度
2018	贵州省	276.91	267.39	241.33	220.88	575.72	161.93	373.01
2018	云南省	285.79	262.29	278.84	228.89	622.58	166.04	376.06
2018	西藏自治区	274.33	249.82	267.16	234.36	582.08	152.56	368.33
2018	陕西省	295.95	281.05	277.15	253.23	609.53	173.95	379.31
2018	甘肃省	266.82	261.29	227.52	207.77	511.72	142.63	356.54
2018	青海省	263.12	251.69	235.31	194.60	505.29	141.36	351.43
2018	宁夏回族自治区	272.92	274.25	225.27	207.53	522.09	144.76	355.14
2018	新疆维吾尔自治区	271.84	267.35	232.94	209.70	491.33	135.86	357.37
2019	北京市	399.00	384.66	402.07	330.51	803.14	253.17	440.83
2019	天津市	344.11	323.86	349.01	292.57	775.65	224.82	402.11
2019	河北省	305.06	284.39	297.33	258.60	654.05	200.68	387.38
2019	山西省	308.73	305.61	277.89	265.71	611.36	192.51	375.07
2019	内蒙古自治区	293.89	291.45	260.31	224.23	636.92	166.98	362.98
2019	辽宁省	311.01	292.44	302.52	249.44	700.18	194.63	387.77
2019	吉林省	292.77	275.75	275.93	233.29	633.62	182.76	379.62
2019	黑龙江省	292.87	275.79	274.64	237.00	619.68	181.23	382.41
2019	上海市	410.28	378.25	439.91	365.22	932.26	282.23	462.23
2019	江苏省	361.93	341.50	365.50	324.04	789.04	245.29	422.92
2019	浙江省	387.49	362.40	404.65	363.10	899.85	265.62	439.16
2019	安徽省	330.29	301.15	341.53	304.14	773.50	225.11	406.11
2019	福建省	360.51	340.65	363.73	335.16	788.30	247.17	420.25
2019	江西省	319.13	294.32	319.18	288.49	711.20	213.15	400.97
2019	山东省	327.36	309.97	318.54	279.69	703.74	214.60	400.84
2019	河南省	322.12	309.34	301.85	293.00	654.00	214.63	401.16
2019	湖北省	344.40	320.79	348.53	318.56	733.52	230.64	414.89

年份	行政区划	总指数	覆盖广度	使用深度	支付	保险	信贷	数字化程度
2019	湖南省	310.85	282.28	311.81	272.33	690.35	203.99	403.46
2019	广东省	360.61	339.98	364.50	321.68	788.90	250.38	421.66
2019	广西自治区	309.91	295.26	292.48	275.08	667.03	198.27	390.01
2019	海南省	328.75	319.41	314.46	282.29	701.15	201.64	385.58
2019	重庆市	325.47	311.03	310.36	272.38	685.77	203.75	400.62
2019	四川省	317.11	291.22	319.53	274.15	705.33	201.32	398.23
2019	贵州省	293.51	292.66	245.66	239.93	597.01	172.66	383.30
2019	云南省	303.46	284.43	291.12	243.39	647.40	185.35	388.74
2019	西藏自治区	293.79	271.14	293.21	249.17	643.68	170.02	369.65
2019	陕西省	322.89	308.21	309.14	279.69	660.36	209.58	396.36
2019	甘肃省	289.14	287.31	251.74	236.24	558.19	171.55	363.16
2019	青海省	282.65	272.90	252.75	222.00	535.43	168.22	369.19
2019	宁夏回族自治区	292.31	299.04	241.55	227.62	545.37	166.49	362.35
2019	新疆维吾尔自治区	294.34	293.48	256.31	232.35	557.77	160.13	366.30
2020	北京市	417.88	397.00	445.83	342.69	787.94	265.33	436.02
2020	天津市	361.46	340.29	373.91	291.87	710.85	242.45	408.74
2020	河北省	322.70	304.10	318.42	268.50	625.02	222.89	391.92
2020	山西省	325.73	327.29	291.37	272.44	571.95	220.11	383.04
2020	内蒙古自治区	309.39	310.40	275.66	244.52	583.57	198.35	367.40
2020	辽宁省	326.29	307.11	328.12	259.31	677.78	218.37	386.33
2020	吉林省	308.26	290.78	297.63	245.12	640.01	209.74	385.29
2020	黑龙江省	306.08	290.48	293.69	241.55	615.42	202.65	380.09
2020	上海市	431.93	395.20	488.68	368.97	945.37	296.03	450.08
2020	江苏省	381.61	362.11	395.01	327.20	752.29	262.86	421.70

年份	行政区划	总指数	覆盖广度	使用深度	支付	保险	信贷	数字化程度
2020	浙江省	406.88	382.07	439.25	365.55	882.00	281.25	429.98
2020	安徽省	350.16	323.75	366.15	309.34	737.67	245.22	408.38
2020	福建省	380.13	359.21	401.80	341.23	753.13	266.99	409.82
2020	江西省	340.61	316.14	353.23	295.46	690.90	232.88	398.52
2020	山东省	347.81	331.66	343.49	287.68	673.67	234.73	409.00
2020	河南省	340.81	331.16	321.21	298.94	602.41	239.88	408.32
2020	湖北省	358.64	336.54	369.58	308.96	672.10	241.33	411.73
2020	湖南省	332.03	302.28	347.44	281.54	672.24	222.62	402.30
2020	广东省	379.53	356.94	404.35	329.03	757.80	267.80	409.06
2020	广西自治区	325.17	311.98	313.24	279.42	618.87	215.71	390.41
2020	海南省	344.05	335.87	337.24	287.31	659.71	215.24	383.46
2020	重庆市	344.76	329.39	343.91	274.10	689.03	219.24	397.12
2020	四川省	334.82	310.76	344.86	277.90	660.95	220.40	396.05
2020	贵州省	307.94	313.24	258.20	246.72	571.73	188.99	380.81
2020	云南省	318.48	302.46	309.45	255.61	605.03	205.04	387.78
2020	西藏自治区	310.53	290.18	319.38	262.93	598.33	190.74	361.67
2020	陕西省	342.04	329.53	331.73	285.89	628.70	227.29	402.11
2020	甘肃省	305.50	308.87	265.35	250.23	515.02	194.52	367.36
2020	青海省	298.23	292.06	264.67	239.05	507.86	191.31	379.58
2020	宁夏回族自治区	310.02	320.45	262.72	250.05	518.83	194.63	361.52
2020	新疆维吾尔自治区	308.35	310.22	273.85	239.30	498.32	178.00	364.88

年份	市（州）	总指数	覆盖广度	使用深度	支付	保险	信贷	数字化程度
2011	成都市	80.20	95.60	74.50	67.36	79.87	73.05	39.72
2011	自贡市	49.94	42.67	72.14	64.48	92.00	64.70	33.62
2011	攀枝花市	52.63	59.96	25.44	44.78	81.21	0.01	77.83
2011	泸州市	46.31	36.02	66.39	68.29	73.97	63.01	43.79
2011	德阳市	56.70	55.26	55.26	63.68	85.11	41.86	64.05
2011	绵阳市	58.66	57.72	59.69	58.44	73.47	54.08	59.90
2011	广元市	40.68	35.12	49.56	32.76	43.96	53.78	42.91
2011	遂宁市	40.37	28.63	54.32	44.66	54.61	55.28	53.81
2011	内江市	43.11	27.16	64.30	58.19	72.78	61.45	57.28
2011	乐山市	51.97	50.71	60.47	66.42	82.85	50.47	40.66
2011	南充市	41.19	28.83	58.47	50.28	61.00	58.34	50.58
2011	眉山市	42.09	34.79	64.66	68.40	68.06	62.82	25.16
2011	宜宾市	49.03	38.47	64.45	68.06	90.42	53.21	55.90
2011	广安市	42.46	24.15	51.31	55.83	41.91	54.73	86.82
2011	达州市	35.08	20.19	56.29	45.97	41.66	63.55	45.73
2011	雅安市	43.68	45.71	46.18	49.35	62.75	38.91	32.43
2011	巴中市	25.77	9.45	45.82	36.74	39.48	49.48	43.20
2011	资阳市	45.44	24.12	72.09	51.80	75.26	73.03	67.40
2011	阿坝州	37.13	24.76	29.42	15.01	38.24	27.35	91.99
2011	甘孜州	33.65	15.20	56.67	16.05	44.27	66.39	52.72
2011	凉山州	24.37	17.13	41.01	51.01	63.62	30.45	18.02
2012	成都市	122.82	132.07	117.21	113.28	154.79	101.97	102.46

年份	市（州）	总指数	覆盖广度	使用深度	支付	保险	信贷	数字化程度
2012	自贡市	89.93	75.12	110.60	79.41	170.15	89.25	101.25
2012	攀枝花市	76.86	90.13	63.27	60.19	151.03	27.00	57.71
2012	泸州市	78.76	70.30	89.95	78.67	128.61	75.08	86.38
2012	德阳市	95.91	88.52	101.24	72.52	149.96	84.13	110.60
2012	绵阳市	95.46	92.35	94.87	75.06	141.29	77.72	106.83
2012	广元市	83.95	71.24	91.13	50.79	135.10	77.29	112.86
2012	遂宁市	78.29	65.55	85.68	62.48	121.34	73.39	106.92
2012	内江市	79.63	62.64	99.33	71.78	151.95	80.46	99.93
2012	乐山市	92.04	83.21	100.18	79.35	149.83	81.80	106.42
2012	南充市	82.29	67.35	92.37	63.83	122.35	83.06	113.27
2012	眉山市	87.22	71.80	105.31	70.19	127.23	100.09	105.29
2012	宜宾市	85.81	72.46	95.91	85.31	146.93	75.81	111.52
2012	广安市	78.76	64.63	89.50	69.51	109.70	83.32	105.87
2012	达州市	71.48	57.28	83.30	59.10	102.12	78.15	96.89
2012	雅安市	87.24	77.87	88.43	66.06	128.51	74.21	115.98
2012	巴中市	69.57	50.99	78.57	53.52	82.00	79.95	114.58
2012	资阳市	79.02	61.43	95.65	63.68	125.07	86.96	106.89
2012	阿坝州	76.69	62.91	61.81	37.41	99.71	48.73	149.21
2012	甘孜州	78.04	53.01	93.78	43.21	103.27	95.48	132.05
2012	凉山州	65.89	50.16	75.09	62.12	136.27	51.02	101.10
2013	成都市	161.17	161.18	155.97	135.18	324.14	99.64	170.55
2013	自贡市	124.10	103.22	144.47	100.51	349.67	80.07	156.04
2013	攀枝花市	113.84	117.78	116.74	85.34	332.17	43.75	95.54
2013	泸州市	116.70	98.67	133.99	97.82	318.69	76.78	144.80
2013	德阳市	127.81	116.14	126.05	101.57	283.34	76.43	169.56
2013	绵阳市	135.89	119.90	138.68	98.89	313.05	85.51	183.60
2013	广元市	111.84	99.25	103.01	74.48	238.04	65.25	169.41
2013	遂宁市	112.34	95.70	112.87	86.88	256.80	70.23	166.32

年份	市（州）	总指数	覆盖广度	使用深度	支付	保险	信贷	数字化程度
2013	内江市	117.25	91.52	132.15	95.52	314.00	76.39	175.14
2013	乐山市	128.28	110.53	135.50	100.58	317.54	78.87	173.77
2013	南充市	117.35	98.36	122.72	87.94	270.46	81.21	170.28
2013	眉山市	115.49	101.86	119.75	89.56	236.51	88.35	152.77
2013	宜宾市	119.48	101.58	115.74	103.95	268.87	66.08	185.34
2013	广安市	111.53	96.18	115.40	95.17	270.22	67.95	155.21
2013	达州市	105.28	87.07	113.64	77.04	259.34	72.10	150.24
2013	雅安市	126.21	104.06	139.17	94.31	315.36	88.23	175.79
2013	巴中市	100.74	83.44	99.54	72.08	181.55	83.89	160.05
2013	资阳市	112.92	90.25	121.01	87.39	242.74	89.96	173.04
2013	阿坝州	100.43	93.72	79.32	69.56	228.62	29.58	160.96
2013	甘孜州	108.77	83.23	123.02	77.33	237.30	99.09	167.21
2013	凉山州	107.69	78.62	112.03	87.59	285.76	57.03	195.81
2014	成都市	173.19	193.98	149.65	182.37	361.30	100.51	147.32
2014	自贡市	139.50	135.39	143.69	142.04	388.86	83.42	145.44
2014	攀枝花市	153.14	148.73	130.85	124.09	394.17	59.12	208.24
2014	泸州市	135.98	130.50	127.20	131.15	348.98	78.37	170.01
2014	德阳市	147.37	148.45	132.14	163.37	353.58	80.60	171.46
2014	绵阳市	148.50	150.79	133.01	142.48	345.56	81.60	169.09
2014	广元市	130.43	131.35	114.46	110.92	297.12	72.15	156.45
2014	遂宁市	126.38	129.38	103.53	127.08	269.30	75.85	158.00
2014	内江市	125.21	123.03	118.88	133.24	301.95	79.22	143.92
2014	乐山市	138.15	142.21	126.24	140.49	324.81	76.25	146.41
2014	南充市	134.74	131.80	111.69	129.03	299.52	77.78	186.34
2014	眉山市	133.95	134.35	120.88	130.94	317.34	75.84	156.37
2014	宜宾市	132.85	134.56	117.30	137.11	310.45	78.89	155.45
2014	广安市	126.76	130.04	104.73	125.81	273.37	71.66	155.93
2014	达州市	122.16	119.25	109.72	108.25	285.95	71.91	154.39

年份	市（州）	总指数	覆盖广度	使用深度	支付	保险	信贷	数字化程度
2014	雅安市	135.30	134.75	124.95	131.85	329.46	86.80	155.90
2014	巴中市	116.74	118.14	91.81	104.95	239.77	79.11	157.42
2014	资阳市	129.34	122.54	128.35	126.14	333.02	82.80	153.61
2014	阿坝州	133.04	128.67	82.80	113.50	250.70	40.81	238.75
2014	甘孜州	119.52	116.45	104.46	112.37	303.73	69.94	157.04
2014	凉山州	135.77	111.05	112.63	124.96	300.91	63.78	259.42
2015	成都市	205.30	213.41	172.01	225.08	297.83	138.33	239.02
2015	自贡市	167.16	150.91	154.49	174.39	297.13	118.29	243.84
2015	攀枝花市	172.42	165.66	135.04	156.23	271.85	101.20	262.69
2015	泸州市	158.78	145.10	138.72	158.83	268.47	115.24	240.38
2015	德阳市	171.69	165.65	147.99	213.53	264.06	118.45	234.66
2015	绵阳市	174.21	166.83	149.66	175.43	276.63	119.46	243.21
2015	广元市	156.34	145.75	130.47	144.16	237.25	108.72	238.30
2015	遂宁市	156.25	143.70	127.22	158.34	242.54	109.04	250.42
2015	内江市	156.69	137.70	140.07	160.25	255.10	115.91	249.57
2015	乐山市	170.10	158.07	148.70	174.93	277.73	116.39	248.75
2015	南充市	157.63	146.54	130.30	161.73	240.26	111.79	243.94
2015	眉山市	164.06	149.79	141.78	169.39	268.00	115.12	251.65
2015	宜宾市	161.30	150.66	137.42	164.24	255.16	116.49	239.83
2015	广安市	157.61	145.51	131.70	158.30	237.44	108.23	244.63
2015	达州市	151.32	136.03	127.27	142.63	222.17	105.36	245.51
2015	雅安市	162.82	149.29	141.42	173.88	282.60	111.78	246.38
2015	巴中市	145.97	134.03	111.71	137.21	204.46	108.77	247.63
2015	资阳市	156.38	137.43	146.51	161.08	249.14	114.78	236.90
2015	阿坝州	154.13	142.50	115.81	151.97	233.97	84.62	262.16
2015	甘孜州	148.32	131.14	128.09	147.92	261.39	101.32	241.83
2015	凉山州	148.00	123.91	130.46	147.75	263.15	101.10	259.44
2016	成都市	225.06	222.03	214.47	271.09	371.14	171.68	254.31

年份	市（州）	总指数	覆盖广度	使用深度	支付	保险	信贷	数字化程度
2016	自贡市	185.71	159.82	199.53	219.14	365.47	160.43	246.11
2016	攀枝花市	193.48	176.28	184.44	191.98	331.79	155.53	266.71
2016	泸州市	182.82	154.68	188.06	201.11	345.08	157.07	266.23
2016	德阳市	196.99	175.34	193.99	223.68	348.72	159.81	273.93
2016	绵阳市	190.97	176.43	196.17	222.39	345.31	163.45	229.53
2016	广元市	181.91	154.84	178.39	186.59	307.18	153.67	277.72
2016	遂宁市	182.56	151.63	183.42	204.31	334.06	156.18	283.13
2016	内江市	178.81	146.21	190.81	207.90	345.06	159.57	264.66
2016	乐山市	191.20	168.49	193.28	215.77	354.56	159.35	262.41
2016	南充市	182.47	155.42	184.78	210.14	331.76	158.65	267.58
2016	眉山市	185.75	159.63	192.09	218.53	346.64	158.30	260.51
2016	宜宾市	181.23	159.41	190.10	206.04	343.58	160.61	237.20
2016	广安市	183.04	153.61	185.25	203.65	326.32	155.37	276.21
2016	达州市	175.81	143.18	184.68	204.09	322.59	154.25	267.45
2016	雅安市	184.79	157.96	189.50	212.23	354.17	155.18	264.83
2016	巴中市	171.04	143.31	170.55	184.47	298.07	150.30	263.52
2016	资阳市	184.25	158.51	195.25	212.25	330.02	159.37	249.25
2016	阿坝州	181.67	152.72	178.90	188.26	331.65	145.43	282.27
2016	甘孜州	174.64	139.80	183.82	183.29	352.22	147.58	273.00
2016	凉山州	171.61	134.61	182.19	183.04	332.88	152.81	274.56
2017	成都市	253.89	239.50	271.21	279.66	469.01	175.80	269.97
2017	自贡市	212.31	178.45	249.02	225.24	445.76	164.28	257.43
2017	攀枝花市	217.55	196.76	232.60	203.71	411.29	156.89	258.84
2017	泸州市	207.27	175.34	234.24	206.29	424.92	158.81	263.70
2017	德阳市	221.87	192.69	250.84	225.69	429.53	163.54	265.60
2017	绵阳市	226.76	195.70	261.19	233.17	444.76	164.25	266.77
2017	广元市	203.88	173.63	227.67	195.60	392.43	157.73	260.54
2017	遂宁市	205.82	172.10	233.72	212.06	415.50	159.67	266.43

年份	市（州）	总指数	覆盖广度	使用深度	支付	保险	信贷	数字化程度
2017	内江市	204.56	166.73	239.24	218.22	423.47	161.00	266.48
2017	乐山市	216.02	187.16	245.65	224.22	436.15	163.40	257.50
2017	南充市	207.78	174.97	235.32	225.74	423.06	161.41	266.06
2017	眉山市	211.23	181.99	241.60	230.58	435.41	164.62	252.59
2017	宜宾市	210.00	179.66	234.94	212.96	423.09	160.54	264.85
2017	广安市	204.75	172.24	230.54	210.15	402.79	158.41	265.26
2017	达州市	198.32	162.70	228.37	202.17	397.01	157.45	261.34
2017	雅安市	209.93	177.04	242.89	224.44	440.36	167.39	258.63
2017	巴中市	195.33	164.29	216.94	191.47	381.94	154.80	258.56
2017	资阳市	212.00	181.31	238.28	212.98	411.26	161.04	265.60
2017	阿坝州	210.85	166.60	227.88	191.34	408.52	152.31	325.99
2017	甘孜州	199.64	160.90	235.50	186.88	427.15	154.81	262.37
2017	凉山州	195.99	155.91	227.56	191.33	403.24	156.04	270.95
2018	成都市	266.77	257.49	269.17	298.65	549.55	161.46	293.08
2018	自贡市	221.01	197.69	232.35	221.41	450.32	145.63	277.43
2018	攀枝花市	225.88	214.32	220.12	220.93	419.06	140.24	274.55
2018	泸州市	215.94	196.04	218.53	200.87	426.17	141.82	276.96
2018	德阳市	226.56	210.54	236.93	245.81	447.76	148.63	260.61
2018	绵阳市	232.48	214.89	240.38	248.24	479.35	149.56	276.19
2018	广元市	210.94	192.66	213.13	209.29	411.06	140.45	267.34
2018	遂宁市	214.18	190.41	224.63	218.51	466.02	144.81	273.68
2018	内江市	214.42	186.62	229.17	230.37	457.13	144.76	279.44
2018	乐山市	225.54	205.45	230.53	230.83	448.92	145.36	282.82
2018	南充市	215.24	193.33	220.75	227.35	434.74	145.58	277.63
2018	眉山市	221.31	201.23	225.51	230.79	442.02	143.47	280.02
2018	宜宾市	218.66	200.24	217.89	213.98	423.19	144.86	280.91
2018	广安市	212.38	190.57	218.74	218.84	421.94	143.08	272.86
2018	达州市	206.48	181.89	210.92	211.89	390.16	140.74	279.63

年份	市（州）	总指数	覆盖广度	使用深度	支付	保险	信贷	数字化程度
2018	雅安市	213.84	194.84	226.28	224.82	442.91	143.59	253.97
2018	巴中市	201.35	182.49	199.91	197.61	377.72	138.73	266.26
2018	资阳市	221.02	201.78	224.04	224.32	429.00	143.66	279.10
2018	阿坝州	206.86	184.22	215.27	193.11	415.91	135.45	266.31
2018	甘孜州	209.21	179.14	227.46	215.21	448.02	138.26	275.36
2018	凉山州	202.63	177.93	209.97	196.89	397.79	138.56	270.84
2019	成都市	281.09	277.19	276.81	310.00	573.66	171.29	301.73
2019	自贡市	231.98	213.64	239.48	245.01	478.92	152.14	278.90
2019	攀枝花市	235.21	227.87	227.93	229.85	448.29	146.15	272.73
2019	泸州市	225.84	211.49	223.08	223.80	447.09	146.50	278.24
2019	德阳市	240.27	224.24	242.08	258.70	482.91	156.03	289.97
2019	绵阳市	242.83	230.40	244.54	263.47	491.89	157.71	280.74
2019	广元市	222.93	207.25	220.79	230.30	431.98	147.53	278.61
2019	遂宁市	223.19	205.77	226.75	244.92	473.19	150.61	274.26
2019	内江市	223.62	201.14	233.54	244.31	469.47	149.28	279.80
2019	乐山市	236.03	219.64	235.07	244.78	467.78	149.93	291.93
2019	南充市	225.04	208.41	225.99	245.28	453.50	151.07	278.25
2019	眉山市	232.52	215.07	237.47	251.21	496.32	149.88	281.15
2019	宜宾市	229.14	217.06	222.92	237.04	447.68	148.52	280.32
2019	广安市	224.05	206.50	227.63	243.78	448.74	149.32	275.48
2019	达州市	217.88	198.15	218.98	231.93	423.35	145.50	281.05
2019	雅安市	223.82	208.30	231.15	239.46	464.77	148.88	261.73
2019	巴中市	211.35	196.30	205.56	221.84	402.02	142.35	271.56
2019	资阳市	221.20	200.84	221.13	233.78	436.62	146.30	288.57
2019	阿坝州	214.61	196.91	212.91	197.43	430.95	137.83	276.14
2019	甘孜州	214.61	189.99	226.32	215.11	451.09	139.84	274.64
2019	凉山州	210.41	193.66	208.14	207.61	404.30	139.01	269.86
2020	成都市	292.20	292.78	282.06	307.31	537.48	178.34	308.74

年份	市（州）	总指数	覆盖广度	使用深度	支付	保险	信贷	数字化程度
2020	自贡市	243.18	228.44	249.89	249.62	486.43	161.36	279.71
2020	攀枝花市	245.38	241.57	237.05	240.41	447.73	156.25	273.09
2020	泸州市	238.42	226.58	234.59	234.29	452.63	156.83	284.50
2020	德阳市	248.40	239.10	245.21	259.95	467.37	162.17	284.92
2020	绵阳市	252.85	245.20	247.46	266.18	470.95	165.79	287.94
2020	广元市	232.50	222.61	226.54	240.68	416.02	157.96	276.02
2020	遂宁市	233.14	222.27	229.06	256.69	437.72	160.89	276.47
2020	内江市	235.26	216.60	239.98	252.65	449.49	159.43	288.28
2020	乐山市	246.43	233.33	245.75	248.55	467.36	159.67	290.93
2020	南充市	236.10	224.07	233.89	253.77	453.39	161.02	279.88
2020	眉山市	244.01	231.62	246.19	256.37	491.24	159.88	280.98
2020	宜宾市	241.20	233.37	230.06	245.05	440.97	158.87	287.28
2020	广安市	234.32	221.98	235.42	251.97	442.21	159.10	273.09
2020	达州市	229.79	214.29	226.48	241.22	417.87	156.87	287.02
2020	雅安市	236.95	223.77	238.22	237.67	450.48	158.56	278.17
2020	巴中市	222.67	212.51	213.26	235.04	392.59	154.42	273.35
2020	资阳市	229.38	213.51	228.97	240.53	407.35	156.74	282.52
2020	阿坝州	226.69	211.59	221.63	223.18	432.67	149.44	285.76
2020	甘孜州	223.47	204.33	232.11	229.41	437.26	149.32	271.00
2020	凉山州	221.61	211.06	215.52	222.74	416.35	149.21	267.55